PINGMIAN JIEXI JIHE FANGFA YU YANJIU

平面解析几何方法与研究

第1卷

● 刘连璞　编著

哈爾濱工業大學出版社
HARBIN INSTITUTE OF TECHNOLOGY PRESS

内 容 简 介

《平面解析几何方法与研究》一书全面系统地介绍了欧氏平面解析几何的有关重要内容，是作者参考了多种有关论著并结合自己的教学经验整理而成的.本书对进一步理解平面解析几何基本内容、拓宽知识面都有很大帮助.对于书中的难点和一般解析几何书中不常见到的内容作者都作了严谨而详细地论述，并配备了较多例题.每个例题都具有典型意义，是对正文的重要补充；这些例题对理解重要概念、掌握解析几何方法有重要作用.因此，《平面解析几何方法与研究》是一本有价值的数学教学参考书.

本书可作为高中或师范院校学生的课外学习用书，也可供中学或师范院校青年教师参考之用.教师可以从中得到许多与解析几何教材密切联系的重要知识，有助于数学教学工作.

图书在版编目(CIP)数据

平面解析几何方法与研究.第1卷/刘连璞编著.—哈尔滨：哈尔滨工业大学出版社，2015.5(2024.3重印)
ISBN 978-7-5603-5164-3

Ⅰ.①平… Ⅱ.①刘… Ⅲ.①平面几何—解析几何
Ⅳ.①O182.1

中国版本图书馆CIP数据核字(2015)第012067号

策划编辑 刘培杰 张永芹
责任编辑 张永芹 杜莹雪
封面设计 孙茵艾
出版发行 哈尔滨工业大学出版社
社 址 哈尔滨市南岗区复华四道街10号 邮编150006
传 真 0451-86414749
网 址 http://hitpress.hit.edu.cn
印 刷 哈尔滨圣铂印刷有限公司
开 本 787mm×1092mm 1/16 印张9 字数157千字
版 次 2015年5月第1版 2024年3月第3次印刷
书 号 ISBN 978-7-5603-5164-3
定 价 28.00元

绪　论

我们首先介绍一下解析几何的简单历史.究竟是谁建立了解析几何,它建立在什么年代,所有这些问题,都存在不同意见,这是因为在古代埃及、希腊、罗马时期的实际问题和某些研究中,实际上已经有了属于解析几何的某些内容.但大多数史学家都认为17世纪法国的两位数学家笛卡儿(Rene Descartes, 1596—1650,哲学家、数学家)和费马(Pierre de Fermat, 1601—1665,法学家、数学家)是解析几何的奠基人,并且主要是笛卡儿.一般认为笛卡儿于1637年发表的哲学著作《方法论》中的一个附录"几何学"是解析几何的创始作品,所以我们都认为解析几何建立于1637年.以后又经过数学家们,如牛顿(Isaac Newton, 1642—1727,英国物理学家、数学家)、莱布尼兹(Gottfried Wilhelm Leibniz, 1646—1716,德国哲学家、数学家)、欧拉(Leonhard Euler, 1707—1783,瑞士数学家)等人一百多年的改进、补充,才逐渐形成了今天的解析几何.笛卡儿与费马之所以能建立解析几何,与他们所处的时代是分不开的.他们所处的时代正是中世纪(5世纪中叶至17世纪中叶)欧洲文艺复兴的后期,这个时期的生产技术、自然科学、文学艺术都出现了新面貌,得到了新发展,所有这一切,都自然而然地对数学提出新问题,希望从数学中得到解决.这样,在数学中就必须研究曲线,就必须研究长度、面积、体积的计算,就必须研究变量与变量之间的函数关系.于是在数学中几乎同时引起了三个数学学科的建立,这就是笛卡儿和费马的解析几何与牛顿和莱布尼兹的微分学与积分学.这几种学科的建立,标志着数学从初等数学(常量数学)发展到了高等数学(变量数学).新学科的建立从本质上改变了整个数学的面貌,使得只用初等数学无法解决的问题变得易于解决了.

笛卡儿等人建立的解析几何有两个基本思想.一个是点的坐标的概念,通过这个概念把点和数联系起来;另一个是曲线方程的概念,通过这个概念把曲线和方程联系起来,这样就可以利用代数或分析的方法来研究几何图形的性质了,这对几何的发展起了巨大的推动作用.

所谓解析几何,通常是指应用代数方程来研究一些简单曲线(如直线、圆锥曲线等)的简单性质的几何.这样,解析几何与我们过去已经学过的初等几何的主要区别不在于它们所研究的对象,而在于研究这些对象时所使用的方法.解析几何使用的是代数解析法,即坐标法;而初等几何使用的是综合法,即古典公理法.现代研究几何还有一种方法,叫作(现代)公理法,这是一套纯理论方法,例如几何基础这个几何分支使用的就是这种方法.研究几何所使用的这些方法的区分并不是绝对的,我们很难划分出综合法与公理法的严格界线,同样,解析法与公理法也不免有混淆的地方.这样的分类不过是根据历史发展的进程而做出的一种不严密的分类而已.

前　言

平面解析几何是数学基础课程之一，它对进一步学习近代数学有密切关系.

编者在教学实践中，根据自己的教学经验，陆续积累了这方面的一些材料，本书就是把这些材料加以补充整理而成的.

本书各章节联系紧密，条理清楚，力图避免内容支离破碎.

本书较全面地介绍了欧氏平面解析几何的知识. 例如，在第 1 章(直角坐标)介绍了有向线段、有向角及射影的基本原理；在第 2 章(曲线与方程)介绍了曲线的水平渐近线与垂直渐近线的求法；在第 3 章(直线)介绍了二元一次不等式表示的平面区域、二元二次方程表示两条直线的条件，并且详细讨论了中心直线束；在第 4 章(圆)介绍了极线、共轴圆系及平面上的反演变换；在第 5 章(椭圆)、第 6 章(双曲线)、第 7 章(抛物线)较详细地介绍了三种圆锥曲线的切线的性质以及极线；在第 8 章(坐标变换，二次曲线的一般理论)详细地介绍了二次曲线的不变量以及二次曲线的判定与方程的化简；在第 9 章(参数方程)详细介绍了二次曲线的渐近线、切线与直径；在第 9 章、第 10 章(极坐标)介绍了一些常用的经典曲线. 斜角坐标这个内容，在普通解析几何书中很少论及，为此，本书在附录中做了初步介绍.

本书中的定理，凡在普通解析几何书中常见的，或容易证明的，一般不再予以证明；不常见的，都适当地给出了证明. 证明力求严谨.

本书没有配备习题，但给出了一定数量的例题. 这些例题都经过了精心的选择，这对深刻理解本书中的重要概念、掌握基本方法以及提高解题能力都有一定帮助. 有的例题也是对正文内容的补充.

本书可作为学有余力的高中学生的课外学习用书，对扩大他们的知识面，提高学习兴趣有一定帮助；师范院校学生准备将来从事数学教学工作的，他们可以从本书中获得很多有助于教学的知识，为将来工作打好基础；本书也可供青年数学教师参考之用，对加深理解教材，丰富解析几何知识，提高驾驭解析几何方法的能力都有帮助.

编者衷心感谢北京教育学院杨大淳、张鸿顺两位教授，他们审阅了本书的初稿，并提出了宝贵的改进意见. 特别要感谢北京大学数学科学学院姚孟臣副教授，他对本书的编写、出版，一直给予很大关心和帮助，并且详细审阅了本书的最后稿，使本书得到很大改进.

限于编者水平，书中不妥或疏漏在所难免，敬请读者批评指正.

刘连璞

目 录

第 1 章 直角坐标 …… 1
1.1 有向线段 …… 1
1.1.1 有向线段 …… 1
1.1.2 配置在轴上的有向线段 …… 1
1.2 直线上的点的直角坐标 …… 3
1.2.1 直线上的直角坐标系 …… 3
1.2.2 直线上的点的直角坐标 …… 3
1.3 几个基本公式 …… 4
1.3.1 坐标轴上的有向线段的数值和长度 …… 4
1.3.2 线段的定比分点 …… 4
1.4 平面上的点的直角坐标 …… 5
1.4.1 平面上的直角坐标系 …… 5
1.4.2 平面上的点的直角坐标 …… 6
1.4.3 复点 …… 6
1.5 射影的基本原理 …… 6
1.5.1 有向角、轴或有向线段之间的角 …… 6
1.5.2 有向线段和有向折线在轴上的正射影 …… 11
1.5.3 有向线段在坐标轴上的正射影 …… 14
1.6 几个基本公式 …… 15
1.6.1 两点间的距离 …… 15
1.6.2 线段的定比分点 …… 17
1.6.3 三角形的面积 …… 20

第 2 章　曲线与方程 …… 25
2.1　曲线的直角坐标方程的定义 …… 25
2.2　已知曲线,求它的方程 …… 25
2.3　已知曲线的方程,描绘曲线 …… 28
2.3.1　描点法 …… 28
2.3.2　曲线性质的讨论 …… 28
2.3.3　已知曲线的方程,讨论并描绘曲线 …… 33
2.4　曲线的交点 …… 36
第 3 章　直线 …… 37
3.1　直线的倾斜角和斜率 …… 37
3.1.1　直线的倾斜角 …… 37
3.1.2　直线的斜率 …… 37
3.2　直线的方程 …… 38
3.2.1　平行于坐标轴的直线的方程 …… 38
3.2.2　直线的点斜式方程 …… 39
3.2.3　直线的斜截式方程 …… 42
3.2.4　直线的两点式方程 …… 43
3.2.5　直线的截距式方程 …… 44
3.2.6　直线的一般式方程 …… 45
3.2.7　直线的法线式方程 …… 49
3.3　直线到点的有向距离 …… 56
3.4　二元一次不等式表示的平面区域 …… 61
3.5　两条直线的相关位置 …… 63
3.5.1　两条直线的相关位置 …… 63
3.5.2　两条直线的夹角 …… 63
3.5.3　两条直线平行与垂直的条件 …… 66
3.6　二元二次方程表示两条直线的条件 …… 68
3.7　三条直线的相关位置 …… 72
3.8　直线系 …… 76
3.8.1　直线系的方程的定义 …… 76
3.8.2　平行直线束的方程 …… 76
3.8.3　中心直线束的方程 …… 78

第 4 章　圆 …… 83
4.1　圆的定义 …… 83
4.2　圆的方程 …… 83
4.2.1　圆的标准方程 …… 83
4.2.2　圆的一般方程 …… 83
4.3　点和圆的相关位置 …… 87
4.4　圆的切线 …… 88
4.4.1　圆上一点的切线方程 …… 88
4.4.2　圆的已知斜率的切线方程 …… 89
4.4.3　从已知点到已知圆引的切线的方程 …… 91
4.4.4　从已知点到已知圆引的切线的长 …… 93
4.5　点关于圆的切点弦与极线 …… 94
4.5.1　点关于圆的切点弦 …… 94
4.5.2　点关于圆的极线 …… 95
4.6　共轴圆系 …… 98
4.6.1　共轴圆系 …… 98
4.6.2　共轴圆系的正交圆 …… 109
4.7　平面上的反演变换 …… 114

第1章　直角坐标

1.1　有向线段

1.1.1　有向线段

定义 1.1　当一条线段的一个端点被指定为起点，而另一个端点被指定为终点，并且规定由起点到终点的方向叫作这条线段的方向时，那么，这种线段叫作有向线段.

也可以简单地说，规定了起点和终点的线段叫作有向线段.或者说，规定了方向的线段叫作有向线段.起点为 A，终点为 B 的有向线段用符号 $\overline{AB}$ 表示.

起点与终点重合的有向线段叫作零有向线段.零有向线段的方向可以任意指定.

定义 1.2　如果两条有向线段方向相同，并且长度相等，就说这两条有向线段相等；规定零有向线段都是相等的.

必须注意，$\overline{AB}$ 与 $\overline{BA}$ 是不相等的，因为它们的方向相反.

1.1.2　配置在轴上的有向线段

定义 1.3　当一条直线的正向被指定了以后，那么，这种直线叫作轴（有向直线）.

若配置在轴上的有向线段的方向和轴的正向相同，那么，这种位置的有向线段叫作轴上的正方向的有向线段；若有向线段的方向和轴的正向相反，那么，这种位置的有向线段叫作轴上的负方向的有向线段.

定义 1.4　轴上的正方向的有向线段的长度，负方向的有向线段的长度的相反数，叫作这条有向线段的数值（代数长）.规定零有向线段的数值为 0.

有向线段 $\overline{AB}$ 的数值用符号“值 $\overline{AB}$”或“AB”表示，而长度（或叫作模）用符

号“$|\overline{AB}|$”表示.

定理1.1 设A,B是轴上的任意两点,则

$$AB=-BA$$

即

$$AB+BA=0$$

定理1.2(沙尔(Mishel Schasles)[①]定理) 设A,B,C是轴上的任意三点,则以下的关系式总成立,即

$$AB+BC=AC$$

证明 分以下几种情形证明.

(1)B在A,C之间,并且由A到B的方向和轴的正向相同(图1.1(a)).由初等几何知道:$|AB|+|BC|=|AC|$($|AB|$表示线段AB的长度),而

$$|AB|=AB$$
$$|BC|=BC$$
$$|AC|=AC$$

所以有

$$AB+BC=AC$$

(2)B在A,C之间,并且由A到B的方向和轴的正向相反(图1.1(b)).由(1)知道:$CB+BA=CA$,而由定理1.1知

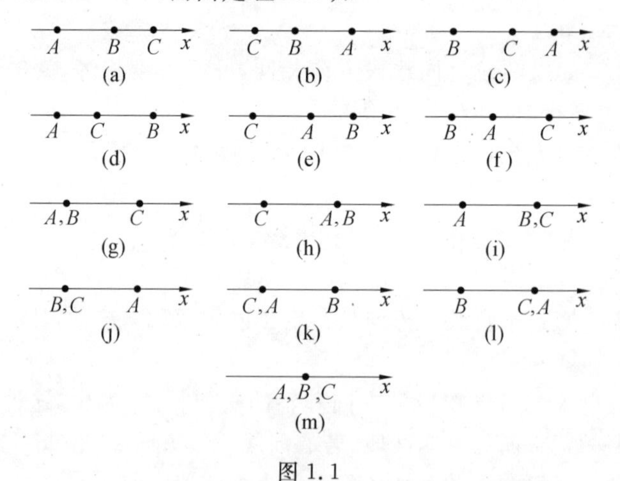

图1.1

① 沙尔(1793—1880),法国几何学家、数学史家.

$$CB = -BC$$
$$BA = -AB$$
$$CA = -AC$$

所以有

$$AB + BC = AC$$

其余各种情形的证明,请读者按图 1.1 自己完成.

推论(沙尔定理的推广)　设 $A_1, A_2, A_3, \cdots, A_{n-1}, A_n (n \geqslant 3)$ 是轴上的任意 n 个点,则关系式

$$A_1A_2 + A_2A_3 + \cdots + A_{n-1}A_n = A_1A_n$$

总成立.

1.2　直线上的点的直角坐标

1.2.1　直线上的直角坐标系

如图 1.2,取一条直线,指定它的正向(这样,直线就成为轴了),在表示正向的箭头处用字母,例如用 x 标出;在这直线上取定一点 O,我们把这点叫作坐标原点(简称原点);在这直线上取定一点 E,令 $\overline{OE}$ 的方向和轴的正向相同,把 $|\overline{OE}|$ 作为长度单位,E 叫作单位点.像这样确定了直线的正向、原点和单位点以后,我们就说在这直线上建立了一个笛卡儿直角坐标系,简称直角坐标系,这条直线就叫作坐标轴(数轴、数直线),这坐标系用符号 Ox 或 $\{O;x\}$ 表示.

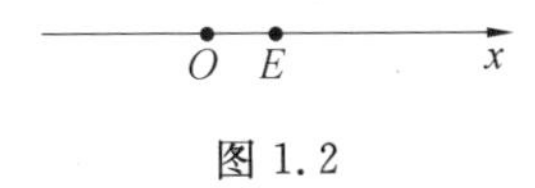

图 1.2

1.2.2　直线上的点的直角坐标

以下的定理是解析几何中的一个基本定理.

定理 1.3　坐标轴上全体点的集合与全体实数的集合之间存在一一对应.

有了这个定理,才能给出直线上点的(笛卡儿) 直角坐标的概念.设坐标轴上一点 M 的坐标为 x(或(x)),则记作 $M(x)$.

1.3 几个基本公式

1.3.1 坐标轴上的有向线段的数值和长度

定理1.4 设坐标轴上有向线段$\overline{AB}$的起点A和终点B的坐标分别为x_1和x_2,则$\overline{AB}$的数值$AB=x_2-x_1$,长度为

$$|\overline{AB}|=|x_1-x_2|=\sqrt{(x_1-x_2)^2}$$

证明 由定理1.1,定理1.2可知$AB=AO+OB=-OA+OB=-x_1+x_2=x_2-x_1$.由此又得

$$|\overline{AB}|=|x_1-x_2|=\sqrt{(x_1-x_2)^2}$$

推论 坐标轴上一点$A(x)$与原点O之间的距离

$$|OA|=|x|$$

例1.1(欧拉定理) 设A,B,C,D为轴上任意四点,则总有

$$AB\cdot CD+AD\cdot BC=AC\cdot BD$$

证明 在轴上建立直角坐标系.设A,B,C,D的坐标分别为a,b,c,d,则

$$\begin{aligned}AB\cdot CD+AD\cdot BC&=(b-a)(d-c)+(d-a)(c-b)\\&=(c-a)(d-b)\\&=AC\cdot BD\end{aligned}$$

1.3.2 线段的定比分点

定理1.5 设坐标轴上有向线段$\overline{AB}$的起点A和终点B的坐标分别为x_1和x_2,分点M分$\overline{AB}$的比为λ,那么,分点M的坐标

$$x=\frac{x_1+\lambda x_2}{1+\lambda}$$

证明 分点M的坐标为x,那么由定理1.4知

$$\lambda=\frac{AM}{MB}=\frac{x-x_1}{x_2-x}$$

由此得

$$x=\frac{x_1+\lambda x_2}{1+\lambda}$$

推论　设坐标轴上线段 AB 的端点 A 和 B 的坐标分别为 x_1 和 x_2，那么，线段 AB 的中点的坐标

$$x=\frac{x_1+x_2}{2}$$

1.4　平面上的点的直角坐标

1.4.1　平面上的直角坐标系

如图 1.3，在平面上作两条坐标轴，使它们：

(1) 互相垂直于它们的原点；

(2) 有相同的长度单位.

这样，我们就说在平面上建立了一个笛卡儿直角坐标系，简称直角坐标系.

在平面上建立了一个直角坐标系以后，就把这个平面叫作坐标平面(数平面)，这坐标系用符号 Oxy 或 $\{O;x,y\}$ 表示.

平面上的直角坐标系，按 x 轴与 y 轴正向的关系可分成两种. 如果把 x 轴绕原点 O 按逆时针方向旋转 90°，它的正向和 y 轴的正向相同时，这种坐标系叫作右手系(图 1.3(a)). 如果把 x 轴绕原点 O 按顺时针方向旋转 90°，它的正向和 y 轴的正向相同时，这种坐标系叫作左手系(图 1.3(b)).

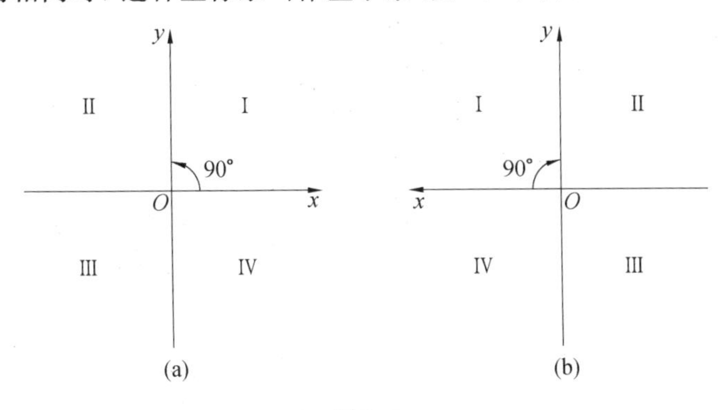

图 1.3

如图 1.3，直角坐标系的两条坐标轴把平面分成四部分(不含坐标轴)，分别叫作第一、第二、第三、第四象限(坐标角).

在右手系中，若角是由射线按逆时针方向旋转得到的，那么这种角规定为

正角;若角是由射线按顺时针方向旋转得到的,那么这种角规定为负角.在左手系中正负角的规定和在右手系中的规定恰好相反,我们以后总用右手系.

1.4.2 平面上的点的直角坐标

定理1.6 坐标平面上全体点的集合与全体有序实数偶的集合之间存在一一对应.

有了这个定理,才能给出平面上的点的(笛卡儿)直角坐标的概念.

定理1.7 设$M(a,b)$是平面上任意一点,则M关于x轴的对称点M_1的坐标为$(a,-b)$,关于y轴的对称点M_2的坐标为$(-a,b)$,关于原点O的对称点M_0的坐标为$(-a,-b)$,关于平分坐标轴的夹角并且位于第一、第三象限的直线的对称点M'的坐标为(b,a).

1.4.3 复点

定义1.5 在一个直角坐标系中,一个有序复数偶(x,y)确定这个坐标系中的一点,这点叫作复点.

若(x,y)中的x和y都是实数,则这点叫作实点.前面我们讨论的都是实点.实点常简称为点.若x和y中至少有一个是虚数,则这点叫作虚点.这样,复点包含实点与虚点两种.虚点不能画出.

1.5 射影的基本原理

1.5.1 有向角、轴或有向线段之间的角

1.有向角

定义1.6 把角的一条边叫作角的始边,另一条边叫作角的终边,像这样规定了始边与终边的角叫作有向角.

若一有向角的始边为l_1,终边为l_2,则此有向角记作$\sphericalangle(l_1,l_2)$.若一有向角的始边为OA,终边为OB,则此有向角记作$\sphericalangle AOB$.

始边与终边重合的有向角叫作零有向角.

一个有向角的值是指它的始边在角所在的平面上绕顶点以任何方向(逆时针或顺时针)旋转到与终边重合时所旋转的角度,所以有向角是多值的.若有向角$\measuredangle(l_1,l_2)$的一个值为φ(弧度),那么它的所有的值可用下式表示,即

$$\varphi+2n\pi \quad (n\text{ 为整数})$$

特别,零有向角的值为$2n\pi$(n为整数).

定义 1.7　若两个有向角的值能够一对一地对应相等,就说这两个有向角相等.

定理 1.8　两个有向角相等的充要条件是它们的最小非负值相等.特别,凡零有向角都相等.

证明　充分性是显然的,下面证明必要性.

设$\measuredangle(a,b)=\measuredangle(c,d)$,即它们的值一对一地对应相等.若

$$\measuredangle(a,b)=\varphi+2m\pi \quad (m\text{ 为整数})$$

$$\measuredangle(c,d)=\psi+2n\pi \quad (n\text{ 为整数})$$

这里$0\leqslant\varphi<2\pi$,$0\leqslant\psi<2\pi$.设当m取值m_0,n取值n_0时,$\measuredangle(a,b)$与$\measuredangle(c,d)$有相同的值,即

$$\varphi+2m_0\pi=\psi+2n_0\pi$$

不妨设$\varphi\geqslant\psi$,则有

$$\varphi-\psi=2(n_0-m_0)\pi \tag{1.1}$$

由于$0\leqslant\varphi<2\pi$,$0\leqslant\psi<2\pi$,$\varphi\geqslant\psi$,所以

$$0\leqslant\varphi-\psi<2\pi \tag{1.2}$$

由式(1.1)和式(1.2)得

$$0\leqslant 2(n_0-m_0)\pi<2\pi$$

消去2π,得

$$0\leqslant n_0-m_0<1$$

要这个不等式成立,只有$m_0=n_0$.由式(1.1)得

$$\varphi=\psi$$

定理 1.9　若两个有向角的任一个值差$2k\pi$(k为整数),则这两个有向角相等.

证明　设$\measuredangle(a,b)$的一个值为$\varphi=\varphi_0+2m\pi$,$\measuredangle(c,d)$的一个值为$\psi=\psi_0+2n\pi$,这里$0\leqslant\varphi_0<2\pi$,$0\leqslant\psi_0<2\pi$,m,n都是整数.由已知条件$\varphi-\psi=2k\pi$得

$$(\varphi_0+2m\pi)-(\psi_0+2n\pi)=2k\pi$$

由此得

$$\varphi_0-\psi_0=2p\pi$$

这里 $p=k+n-m$. 由于 $0\leqslant\varphi_0<2\pi,0\leqslant\psi_0<2\pi$,所以

$$-2\pi<\varphi_0-\psi_0<2\pi$$

因此只有当 $p=0$ 时,上面不等式才成立,从而

$$\varphi_0=\psi_0$$

所以两个有向角相等(定理1.8).

定义1.8 若两个有向角的值能够一对一地互为相反数,就说这两个有向角互为相反角,其中每个有向角都叫作另一个有向角的相反角.

定理1.10 设 OA,OB 为任意两射线,则 $\sphericalangle AOB$ 与 $\sphericalangle BOA$ 互为相反角,即 $\sphericalangle AOB=-\sphericalangle BOA$.

证明 由于 OA 绕 O 旋转若干周与 OB 重合时,OB 就可绕 O 按相反方向旋转同样的周数与 OA 重合. OA,OB 所旋转的两个角度互为相反数,所以 $\sphericalangle AOB$ 与 $\sphericalangle BOA$ 的值一对一地互为相反数,从而 $\sphericalangle AOB$ 与 $\sphericalangle BOA$ 互为相反角.

定义1.9 设有三个有向角 $\sphericalangle(a,b)$,$\sphericalangle(c,d)$ 和 $\sphericalangle(e,f)$,如果 $\sphericalangle(a,b)$ 的任一个值与 $\sphericalangle(c,d)$ 的任一个值的和总等于 $\sphericalangle(e,f)$ 的一个值;并且反过来,$\sphericalangle(e,f)$ 的任一个值必等于 $\sphericalangle(a,b)$ 的一个值与 $\sphericalangle(c,d)$ 的一个值的和,那么,$\sphericalangle(e,f)$ 叫作 $\sphericalangle(a,b)$ 与 $\sphericalangle(c,d)$ 的和,记作

$$\sphericalangle(a,b)+\sphericalangle(c,d)=\sphericalangle(e,f)$$

求有向角的和的运算叫作有向角的加法.

定理1.11 设 OA,OB,OC 为平面上从点 O 引出的任意三条射线,则总有

$$\sphericalangle AOB+\sphericalangle BOC=\sphericalangle AOC$$

证明 分以下几种情形:

(1) 如图1.4(a),OA,OB,OC 彼此不重合,按逆时针方向依次是 OA,OB,OC. 设 $\angle AOB=\varphi,\angle BOC=\psi$,由初等几何中角的加法定义,得

$$\angle AOC=\angle AOB+\angle BOC=\varphi+\psi$$

这里 $0<\varphi<2\pi,0<\psi<2\pi,0<\varphi+\psi<2\pi$,所以

$$\sphericalangle AOB=\varphi+2m\pi$$

$$\sphericalangle BOC=\psi+2n\pi$$

$$\sphericalangle AOC=(\varphi+\psi)+2p\pi$$

这里 m,n,p 都表示整数. 任给 m,n 以整数值 m_1,n_1,则 $\varphi+2m_1\pi,\psi+2n_1\pi$ 各为 $\sphericalangle AOB,\sphericalangle BOC$ 的一个值. 取 $p_1=m_1+n_1$,则

$$
\begin{aligned}
&\measuredangle AOB \text{ 的一个值} + \measuredangle BOC \text{ 的一个值}\\
&= (\varphi + 2m_1\pi) + (\psi + 2n_1\pi)\\
&= (\varphi + \psi) + 2(m_1 + n_1)\pi\\
&= (\varphi + \psi) + 2p_1\pi\\
&= \measuredangle AOC \text{ 的一个值}
\end{aligned}
$$

反过来，取$\measuredangle AOC$ 的任意一个值$(\varphi+\psi)+2p_2\pi=(\varphi+\psi)+2(m_2+n_2)\pi$（$p_2$，$m_2$，$n_2$ 为整数），则

$$
\begin{aligned}
\measuredangle AOC \text{ 的一个值} &= (\varphi + \psi) + 2(m_2 + n_2)\pi\\
&= (\varphi + 2m_2\pi) + (\psi + 2n_2\pi)\\
&= \measuredangle AOB \text{ 的一个值} + \measuredangle BOC \text{ 的一个值}
\end{aligned}
$$

所以在这种情形下有

$$\measuredangle AOB + \measuredangle BOC = \measuredangle AOC$$

(2) 如图 1.4(b)，OA，OB，OC 彼此不重合，按逆时针方向依次是 OA，OC，OB. 由情形(1) 可知

$$\measuredangle AOC + \measuredangle COB = \measuredangle AOB$$

但$\measuredangle COB = -\measuredangle BOC$（定理 1.10），所以容易导出

$$\measuredangle AOB + \measuredangle BOC = \measuredangle AOC$$

其余各种情形的证明，请读者按图 1.4 自己完成.

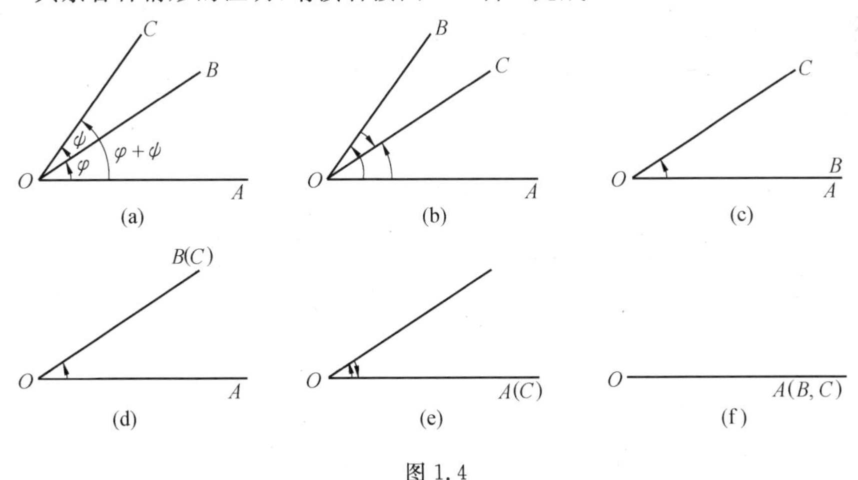

图 1.4

推论　设 OA，OB，OC，…，OL，OM 为平面上从点O引出的任意$n(n\geqslant 3)$条射线，则总有

$$\measuredangle AOB + \measuredangle BOC + \cdots + \measuredangle LOM = \measuredangle AOM$$

2. 轴或有向线段之间的角

定义 1.10 如图1.5,设a和b是有序的轴或有向线段,在平面上任取一点O,以O为端点作射线OA,OB各与a,b平行并且同向,则有向角$\measuredangle AOB$叫作轴或有向线段a与b之间的角(或a与b的夹角,或a到b的角).

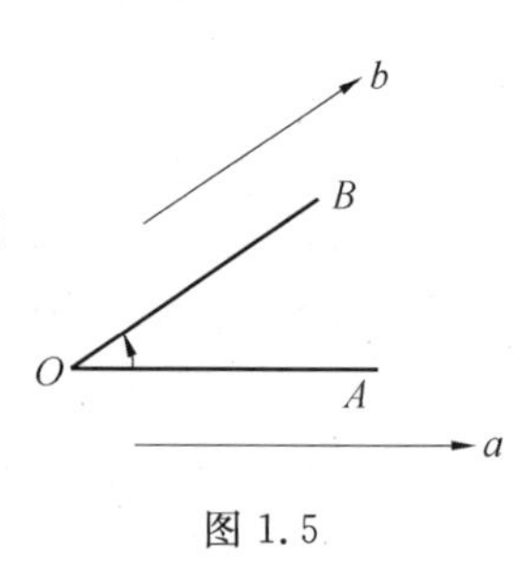

图1.5

a与b之间的角记作$(\widehat{a,b})$.

由以上定义可知:两轴或有向线段a与b之间的角与点O所取的位置无关.

两轴或有向线段之间的角有以下性质:

(1) 从定义看,两轴或有向线段a与b之间的角的值不是唯一的,而是多值的. 如果φ(弧度)是a与b之间的角的一个值(特值),则通值(一般值)为$\varphi+2n\pi$(n为整数).

由此可见:a与b之间的角的每两个值都相差2π的整数倍,其中每个值都能确定夹角的所有值. 需要时只取其中一个作为代表,通常取最小的、非负值或绝对值最小的那个值.

特别当a与b同向时,$(\widehat{a,b})=0$;当a与b反向时,$(\widehat{a,b})=\pi$. 反过来也成立.

(2) 平行移动轴或有向线段中的一个或两个,不改变它们之间的角.

(3) 如果两轴或有向线段之一的正向改为相反方向,那么,两轴或有向线段之间的角就增加π.

(4) 如果两轴或有向线段的正向都改为相反方向,那么,两轴或有向线段之间的角不变.

定理 1.12 调换两轴或有向线段的顺序,则它们之间的角改变符号.

定理 1.13 设a,b,c为三条轴或有向线段,不论它们的位置如何,总有

$$(\widehat{a,b})+(\widehat{b,c})=(\widehat{a,c})$$

证明 如图1.6,以任意一点O为端点作射线OA,OB,OC各与轴或有向线段a,b,c平行并且同向,则

$$(\widehat{a,b})=\measuredangle AOB$$

$$(\widehat{b,c})=\measuredangle BOC$$

$$(\widehat{a,c})=\measuredangle AOC$$

而由定理 1.11 知

$$\sphericalangle AOB + \sphericalangle BOC = \sphericalangle AOC$$

所以

$$(\widehat{a,b}) + (\widehat{b,c}) = (\widehat{a,c})$$

这个性质可以推广到更多的有序的轴或有向线段的情形.

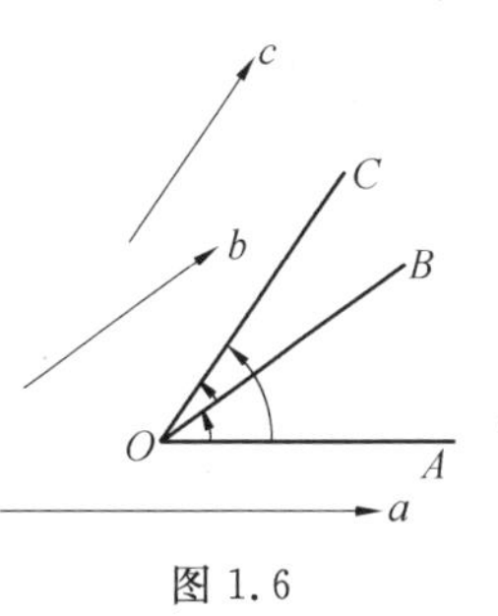

图 1.6

1.5.2　有向线段和有向折线在轴上的正射影

定义 1.11　已知轴 x 和点 P,从 P 引轴 x 的垂线,设垂足为点 P',那么点 P' 叫作点 P 在轴 x 上的正射影,简称射影,轴 x 叫作射影轴. 当点 P 在轴 x 上时,它和它的射影重合(图 1.7). 点 P 在射影轴 x 上的射影用符号"射影$_x P$"表示.

定义 1.12　已知轴 x 和有向线段$\overline{AB}$,设起点 A 和终点 B 在轴 x 上的正射影分别为点 A' 和点 B',那么有向线段$\overline{A'B'}$ 叫作$\overline{AB}$ 在轴 x 上的正几何射影,而$\overline{A'B'}$ 的值(对轴 x 来说的) 叫作$\overline{AB}$ 在轴 x 上的正射影,简称射影(图 1.8). $\overline{AB}$ 在轴 x 上的射影用符号"射影$_x\,\overline{AB}$"表示.

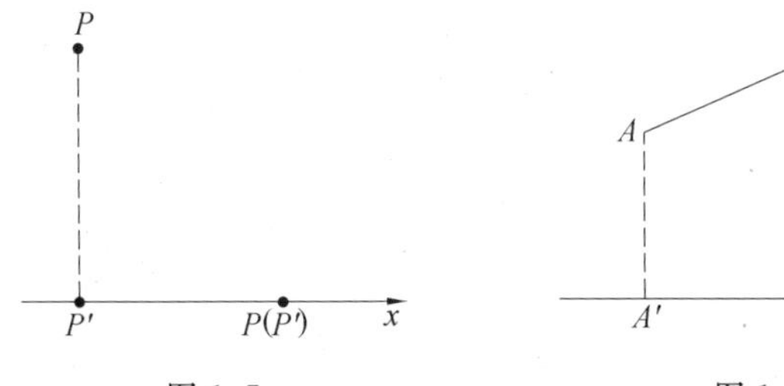

图 1.7　　　　图 1.8

定理 1.14　两条相等的有向线段在同一轴上的射影相等.

定理 1.15　若射影轴 x 和有向线段$\overline{AB}$ 之间的角为 φ,那么这条有向线段在轴 x 上的射影等于$\overline{AB}$ 的长与 $\cos\varphi$ 的乘积,即

$$\text{射影}_x\,\overline{AB} = |\overline{AB}| \cdot \cos\varphi$$

定理 1.16　设有向线段$\overline{AB}$ 位于轴 l 上,那么,这条有向线段在射影轴 x 上的射影等于$\overline{AB}$ 的值 AB(对轴 l 来说) 与两轴之间的角 φ 的余弦的乘积,即

$$\text{射影}_x\,\overline{AB} = AB \cdot \cos\varphi$$

证明 分两种情形.

(1) 当$\overline{AB}$的方向和轴l的正向相同时(图1.9(a)).这时轴x和$\overline{AB}$之间的角等于轴x和轴l之间的角,即等于φ,所以由定理1.15,有

$$射影_x\ \overline{AB}=|\overline{AB}|\cdot\cos\varphi$$

但这时$\overline{AB}$是轴l上的正方向的有向线段,所以$AB=|\overline{AB}|$,从而有

$$射影_x\ \overline{AB}=AB\cdot\cos\varphi$$

(2) 当$\overline{AB}$的方向和轴l的正向相反时(图1.9(b)).这时轴x和$\overline{AB}$之间的角等于$\varphi+\pi$(轴之间的角的性质(3)),由定理1.15有

$$射影_x\ \overline{AB}=|\overline{AB}|\cos(\varphi+\pi)=-|\overline{AB}|\cos\varphi$$

但这时$\overline{AB}$是轴l上的负方向的有向线段,所以$AB=-|\overline{AB}|$,从而有

$$射影_x\ \overline{AB}=AB\cdot\cos\varphi$$

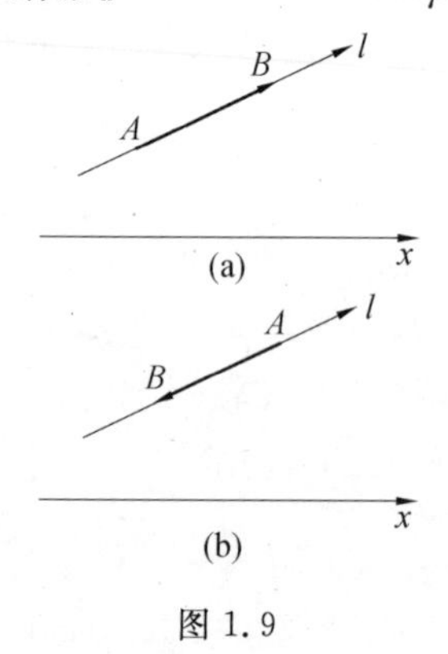

图1.9

现在考虑有向折线在轴上的射影.

定义1.13 设$A_1,A_2,A_3,\cdots,A_{n-1},A_n$是平面上按顺序给定的$n(n\geqslant 3)$个点,那么,这$n$个点以及有向线段$\overline{A_1A_2},\overline{A_2A_3},\cdots,\overline{A_{n-1}A_n}$的总体叫作有向折线.点$A_1,A_n$叫作这有向折线的端点,其中第一个端点$A_1$叫作这有向折线的起点,另一个端点$A_n$叫作这有向折线的终点,其余的点$A_2,A_3,\cdots,A_{n-1}$都叫作这有向折线的顶点.各有向线段$\overline{A_1A_2},\overline{A_2A_3},\cdots,\overline{A_{n-1}A_n}$都叫作这有向折线的边(图1.10).这一有向折线用以下符号表示:有向折线$\overline{A_1A_2A_3\cdots A_{n-1}A_n}$.

定义1.14 设$\overline{A_1A_2A_3\cdots A_{n-1}A_n}$是一条有向折线,$x$是射影轴,设折线的起点$A_1$和终点$A_n$在轴$x$上的射影分别为点$A'_1$和$A'_n$,那么,有向线段$\overline{A'_1A'_n}$叫作这条有向折线在轴$x$上的正几何射影,正几何射影的值叫作这条有向折线在轴x上的正射影,简称射影(图1.11).$\overline{A_1A_2A_3\cdots A_{n-1}A_n}$在轴$x$上的射影用以

下符号表示：射影$_x$ $\overline{A_1A_2A_3\cdots A_{n-1}A_n}$.

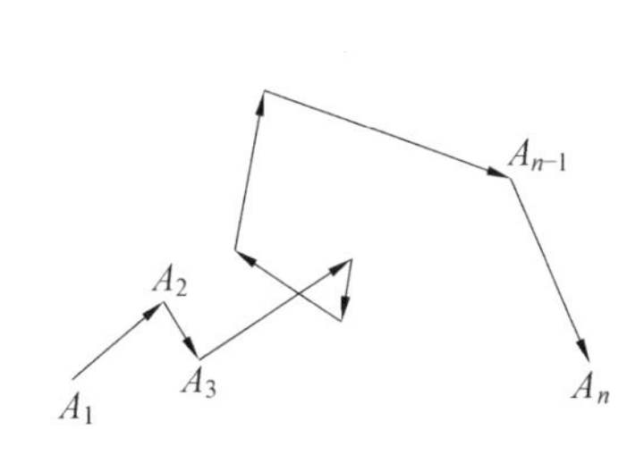

图 1.10

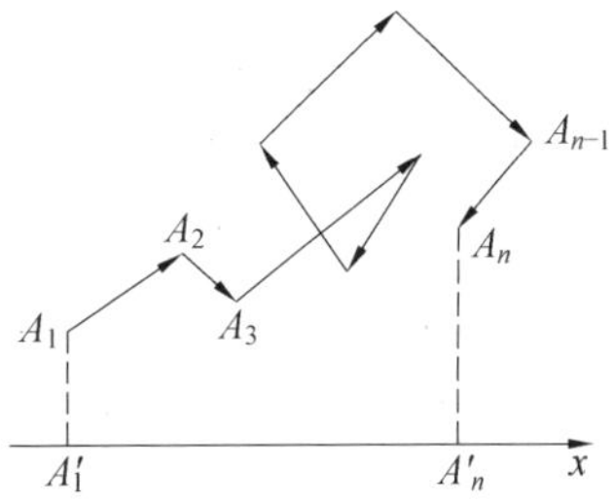

A_1 A_2 A_3 A_{n-1} A_n A_1' A'_n x

图 1.11

由以上的定义可得到以下几个简单性质：

(1) 有共同起点和共同终点的一些有向折线在同一轴上的射影相等.

(2) 有向折线和它的封闭线段(与有向折线有共同起点和共同终点的有向线段)在同一轴上的射影相等.

(3) 封闭的有向折线(起点和终点重合的有向折线)在轴上的射影为0.

定理 1.17　有向折线在轴上的射影等于它的各边在这轴上的射影的代数和(图 1.12).

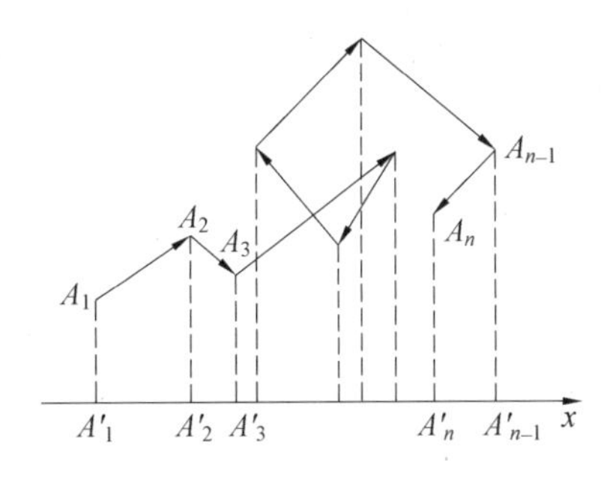

图 1.12

证明　作有向折线$\overline{A_1A_2A_3\cdots A_{n-1}A_n}$的端点及各顶点$A_1, A_2, A_3, \cdots, A_{n-1}, A_n$在轴$x$上的射影$A'_1, A'_2, A'_3, \cdots, A'_{n-1}, A'_n$，那么，由有向折线射影的定义及沙尔定理的推广，得

$$
\begin{aligned}
\text{射影}_x\,\overline{A_1A_2A_3\cdots A_{n-1}A_n} &= A'_1A'_n \\
&= A'_1A'_2 + A'_2A'_3 + \cdots + A'_{n-1}A'_n \\
&= \text{射影}_x\,\overline{A_1A_2} + \text{射影}_x\,\overline{A_2A_3} + \cdots + \\
&\quad\ \text{射影}_x\,\overline{A_{n-1}A_n}
\end{aligned}
$$

1.5.3 有向线段在坐标轴上的正射影

定理 1.18 设坐标平面上有向线段$\overline{AB}$的起点 A 和终点 B 的坐标分别为(x_1,y_1)和(x_2,y_2),那么

$$射影_x\ \overline{AB}=x_2-x_1$$

$$射影_y\ \overline{AB}=y_2-y_1$$

推论 设 $A(x,y)$ 为平面上一点,那么

$$射影_x\ \overline{OA}=x$$

$$射影_y\ \overline{OA}=y$$

因此,平面上一点 A 的坐标又可理解为有向线段$\overline{OA}$在 x 轴和 y 轴上的射影.

定理 1.19 有向线段$\overline{AB}$在 x 轴上的射影等于它的长度$|\overline{AB}|$与 x 轴和$\overline{AB}$之间的角 φ 的余弦的乘积;它在 y 轴上的射影等于它的长度$|\overline{AB}|$与 x 轴和$\overline{AB}$之间的角 φ 的正弦的乘积,即

$$射影_x\ \overline{AB}=|\overline{AB}|\cos\varphi$$

$$射影_y\ \overline{AB}=|\overline{AB}|\sin\varphi$$

证明 前一等式由定理 1.15 直接得到.

现在证明后一等式. 由于$(x,\widehat{AB})+(\widehat{AB},y)=(\widehat{x,y})$,而$(x,\widehat{AB})=\varphi$,$(\widehat{AB},y)=-(y,\widehat{AB})$,$(\widehat{x,y})=\frac{\pi}{2}$,所以 y 轴和$\overline{AB}$的夹角$(y,\widehat{AB})=\varphi-\frac{\pi}{2}$. 仍由定理 1.15 得

$$射影_y\ \overline{AB}=|\overline{AB}|\cos(\varphi-\frac{\pi}{2})=|\overline{AB}|\sin\varphi$$

推论 设$\overline{AB}$的起点 A 和终点 B 的坐标分别为(x_1,y_1)和(x_2,y_2),x 轴和$\overline{AB}$之间的角为 φ,那么

$$|\overline{AB}|\cos\varphi=x_2-x_1$$

$$|\overline{AB}|\sin\varphi=y_2-y_1$$

并且

$$\tan\varphi=\frac{y_2-y_1}{x_2-x_1}$$

关于位于轴上的有向线段在坐标轴上的射影,有以下的定理.

定理 1.20　在坐标平面上,设$\overline{AB}$为轴l上的有向线段,x轴和l之间的角为φ,那么

$$射影_x\,\overline{AB}=AB\cdot\cos\varphi$$

$$射影_y\,\overline{AB}=AB\cdot\sin\varphi$$

证明　第一个等式由定理 1.16 直接得到.

由于y轴和l之间的角为$\varphi-\dfrac{\pi}{2}$,根据定理 1.16 得到

$$射影_y\,\overline{AB}=AB\cdot\cos\left(\varphi-\frac{\pi}{2}\right)=AB\cdot\sin\varphi$$

1.6　几个基本公式

1.6.1　两点间的距离

定理 1.21　点$A(x_1,y_1)$和$B(x_2,y_2)$间的距离

$$|AB|=\sqrt{(x_1-x_2)^2+(y_1-y_2)^2}$$

推论　点$A(x,y)$和原点O间的距离

$$|OA|=\sqrt{x^2+y^2}$$

例 1.2　锐角$\triangle ABC$中,高OA等于边BC,H是垂心,M是边BC的中点,求证

$$|MH|+|OH|=|MC|$$

证明　如图 1.13 建立直角坐标系.设B,C的坐标分别为$(b,0)$,$(c,0)$,则A的纵坐标为$|OA|=|BC|=c-b$,即A的坐标为$(0,c-b)$,这里$b<0$.由于$\triangle BOH\backsim\triangle AOC$,所以

$$|OH|:|OB|=|OC|:|OA|$$

于是

$$|OH|=\frac{|OB|\cdot|OC|}{|OA|}=\frac{-b\cdot c}{c-b}=\frac{bc}{b-c}$$

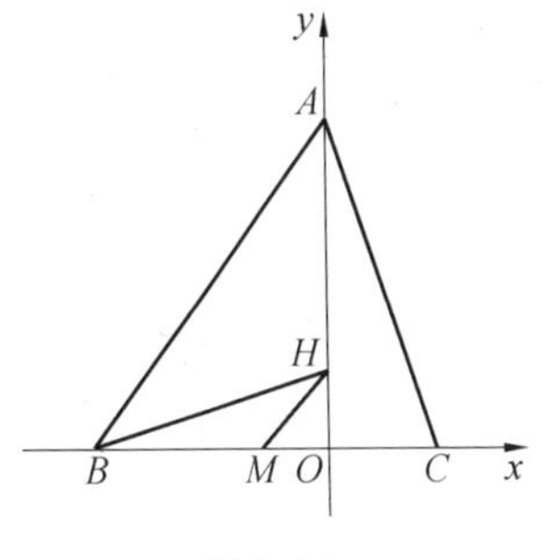

图 1.13

从而点H的坐标为$\left(0,\dfrac{bc}{b-c}\right)$.又点$M$的坐标为

$\left(\frac{b+c}{2},0\right)$(定理1.5的推论),所以

$$|MH|=\sqrt{\left(\frac{b+c}{2}\right)^2+\left(\frac{bc}{b-c}\right)^2}=\frac{b^2+c^2}{2(c-b)}$$

所以

$$|MH|+|OH|=\frac{b^2+c^2}{2(c-b)}+\frac{bc}{b-c}=\frac{c-b}{2}$$

而$|MC|=\frac{1}{2}|BC|=\frac{c-b}{2}$,所以

$$|MH|+|OH|=|MC|$$

例1.3 证明三角不等式

$$\sqrt{(a_1-b_1)^2+(a_2-b_2)^2}\leqslant\sqrt{a_1^2+a_2^2}+\sqrt{b_1^2+b_2^2}$$

对任意实数a_1,a_2,b_1,b_2都成立;并讨论在什么情形下等号成立.

证明 如图1.14,以(a_1,a_2)为坐标作点A,以(b_1,b_2)为坐标作点B,则由三角形的边的关系得

$$|AB|\leqslant|OA|+|OB|$$

(当且仅当原点O在闭线段AB上时,等号成立),而

$$|AB|=\sqrt{(a_1-b_1)^2+(a_2-b_2)^2}$$

$$|OA|=\sqrt{a_1^2+a_2^2}$$

$$|OB|=\sqrt{b_1^2+b_2^2}$$

所以有

$$\sqrt{(a_1-b_1)^2+(a_2-b_2)^2}\leqslant\sqrt{a_1^2+a_2^2}+\sqrt{b_1^2+b_2^2}$$

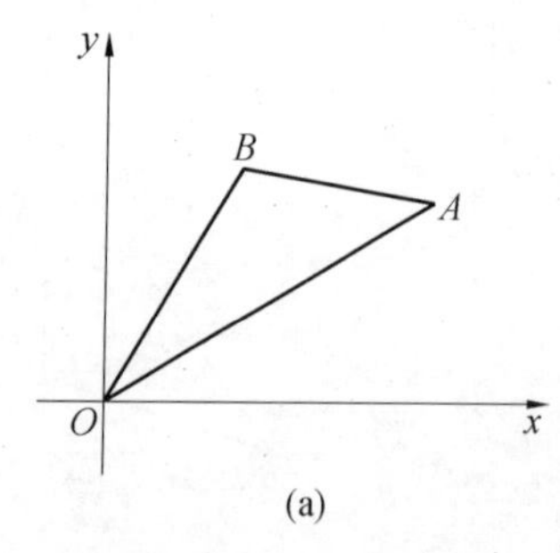

(a)

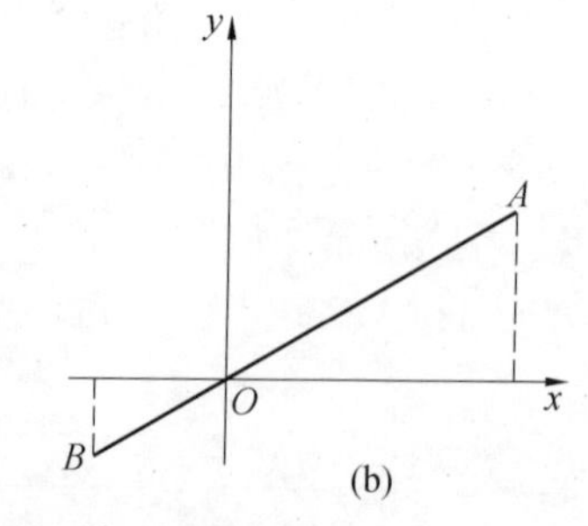

(b)

图1.14

因为当且仅当原点O在闭线段AB上时等号成立,所以当$a_1:b_1=a_2:b_2$并且a_1与b_1反号(或a_2与b_2反号),或$a_1=a_2=0$,或$b_1=b_2=0$时,不等式中

的等号成立.

1.6.2　线段的定比分点

定理 1.22　设有向线段$\overline{AB}$的起点A和终点B的坐标分别为(x_1,y_1)和(x_2,y_2),分点M分$\overline{AB}$的比为$\lambda=AM:MB$,则分点M的坐标为

$$x=\frac{x_1+\lambda x_2}{1+\lambda}$$

$$y=\frac{y_1+\lambda y_2}{1+\lambda}$$

推论　设线段AB的两个端点A和B的坐标分别为(x_1,y_1)和(x_2,y_2),则线段AB的中点的坐标为

$$x=\frac{x_1+x_2}{2}$$

$$y=\frac{y_1+y_2}{2}$$

例 1.4　在平面上有五个整点(坐标为整数的点),证明其中至少有两个点的连线的中点也是整点.

证明　设A,B,C,D,E是五个整点,则每个点的坐标的奇偶不外四种可能,就是(偶,偶)、(奇,奇)、(奇,偶)和(偶,奇).我们取四个点A,B,C,D,它们的坐标的“最坏”情形是(偶,偶)、(奇,奇)、(奇,偶)、(偶,奇),因为这时四个点中任意两个点的连线的中点都不是整点.第五个点E的坐标只能是上面说的四种情形之一,但不论是哪种情形,容易验证E与A,B,C,D中的某一点的连线的中点必是整点.

例 1.5　(1) 在点$P_1(x_1,y_1)$和$P_2(x_2,y_2)$处各放置质量为m_1和m_2的质点,求证:这两个质点组成的质点系的重心的坐标为

$$\left(\frac{m_1x_1+m_2x_2}{m_1+m_2},\frac{m_1y_1+m_2y_2}{m_1+m_2}\right)$$

在n个点$P_1(x_1,y_1),P_2(x_2,y_2),\cdots,P_n(x_n,y_n)$处各放置质量为$m_1,m_2,\cdots,m_n$的质点,求证:这$n$个质点组成的质点系的重心的坐标为

$$\left(\frac{m_1x_1+m_2x_2+\cdots+m_nx_n}{m_1+m_2+\cdots+m_n},\frac{m_1y_1+m_2y_2+\cdots+m_ny_n}{m_1+m_2+\cdots+m_n}\right)$$

(2) 已知n个点$P_1(x_1,y_1),P_2(x_2,y_2),\cdots,P_n(x_n,y_n)$,在有向线段$\overline{P_1P_2}$上取一点$G_2$,使$G_2$分$\overline{P_1P_2}$的比为$1:1$;在有向线段$\overline{G_2P_3}$上取一点$G_3$,使$G_3$分

$\overline{G_2P_3}$ 的比为 1 : 2;在有向线段$\overline{G_3P_4}$ 上取一点 G_4,使 G_4 分$\overline{G_3P_4}$ 的比为 1 : 3;……;在有向线段$\overline{G_{n-1}P_n}$ 上取一点G_n,使G_n 分$\overline{G_{n-1}P_n}$ 的比为 $1:n-1$,求证:最后的分点 G_n 的坐标为

$$\left(\frac{x_1+x_2+\cdots+x_n}{n},\frac{y_1+y_2+\cdots+y_n}{n}\right)$$

点 G_n 叫作已知的n 个点 $P_1,P_2,\cdots,P_n$ 的(几何) 重心(图 1.15).

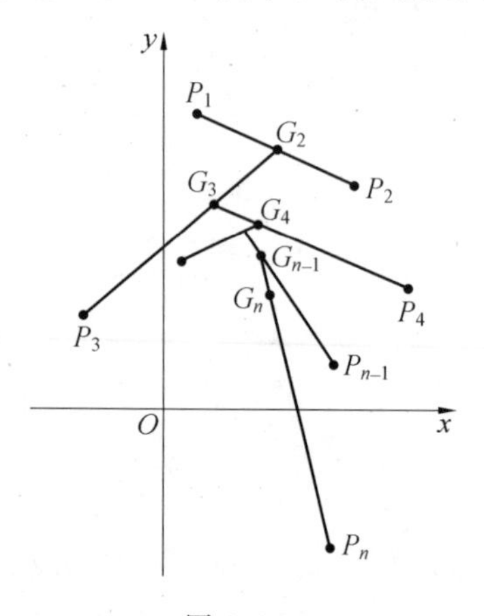

图 1.15

特别地,以 $A(x_1,y_1),B(x_2,y_2),C(x_3,y_3)$ 为顶点的三角形的(几何) 重心的坐标为

$$\left(\frac{x_1+x_2+x_3}{3},\frac{y_1+y_2+y_3}{3}\right)$$

(3) 若构造均匀的细铁丝作成的三角形的三个顶点 A,B,C 的坐标分别为 $(5,0),(0,12),(-16,0)$,求它的重心的坐标.

(4) 已知 n 个点 $P_1(x_1,y_1),P_2(x_2,y_2),\cdots,P_n(x_n,y_n)$,求证:与这 n 个点距离的平方和最小的点是而且只能是这n 个点的重心.

证明 (1) 两个质点组成的质点系的重心 G 在线段 P_1P_2 上,并且满足条件

$$m_1\cdot|P_1G|=m_2\cdot|GP_2|$$

即

$$|P_1G|:|GP_2|=m_2:m_1$$

所以

$$P_1G:GP_2=m_2:m_1$$

所以重心 G 的坐标

$$x=\frac{x_1+\frac{m_2}{m_1}\cdot x_2}{1+\frac{m_2}{m_1}}=\frac{m_1x_1+m_2x_2}{m_1+m_2}$$

$$y=\frac{y_1+\frac{m_2}{m_1}\cdot y_2}{1+\frac{m_2}{m_1}}=\frac{m_1y_1+m_2y_2}{m_1+m_2}$$

一般情形请读者用数学归纳法证明.

(2) 设(1)中的 n 个质点的质量都相等,这时 n 个质点的力学重心即是 n 个点 $P_1,P_2,\cdots,P_n$ 的几何重心 G_n,所以 G_n 的坐标为

$$\left(\frac{x_1+x_2+\cdots+x_n}{n},\frac{y_1+y_2+\cdots+y_n}{n}\right)$$

不利用(1)也可独立证明.

(3) 由于 $|BC|=20$, $|CA|=21$, $|AB|=13$,所以这三边的质量比为 $20:21:13$. 边 BC 的重心是它的中点 $D(-8,6)$,边 CA 的重心是它的中点 $E\left(-5\frac{1}{2},0\right)$,边 AB 的重心是它的中点 $F\left(2\frac{1}{2},6\right)$. 因此,问题转化为:在点 $D(-8,6)$,$E\left(-5\frac{1}{2},0\right)$ 和 $F\left(2\frac{1}{2},6\right)$ 处各放有质量为20,21和13个单位的质点,求这个质点系的重心 G 的坐标.

由上面(1)的结论可知重心 G 的坐标为

$$\left(\frac{20\times(-8)+21\times\left(-\frac{11}{2}\right)+13\times\frac{5}{2}}{20+21+13},\frac{20\times6+21\times0+13\times6}{20+21+13}\right)$$

$$=\left(-4\frac{1}{2},3\frac{2}{3}\right)$$

本例的 $\triangle ABC$ 的几何重心的坐标为

$$\left(\frac{5+0+(-16)}{3},\frac{0+12+0}{3}\right)=\left(-3\frac{2}{3},4\right)$$

从这个具体的例子看到:在一般情形下,铁丝三角形的力学重心并不是三角形的几何重心.

(4) 在平面上任取一点 $G(x,y)$,则 G 与 n 个已知点距离的平方和为

$$[(x-x_1)^2+(y-y_1)^2]+[(x-x_2)^2+(y-y_2)^2]+\cdots+[(x-x_n)^2+(y-y_n)^2]$$

$$
\begin{aligned}
&=[(x-x_1)^2+(x-x_2)^2+\cdots+(x-x_n)^2]+\\
&\quad[(y-y_1)^2+(y-y_2)^2+\cdots+(y-y_n)^2]\\
&=[nx^2-2(x_1+x_2+\cdots+x_n)x+\\
&\quad(x_1^2+x_2^2+\cdots+x_n^2)]+\\
&\quad[ny^2-2(y_1+y_2+\cdots+y_n)y+\\
&\quad(y_1^2+y_2^2+\cdots+y_n^2)]
\end{aligned}
$$

两个方括号内的式子各是 x,y 的二次函数,二次项的系数为正,而且两个方括号内的函数的值各自取决于 x,y 的值而彼此无关,所以当且仅当

$$
\begin{aligned}
x&=-\frac{-2(x_1+x_2+\cdots+x_n)}{2n}\\
&=\frac{x_1+x_2+\cdots+x_n}{n}\\
y&=-\frac{-2(y_1+y_2+\cdots+y_n)}{2n}\\
&=\frac{y_1+y_2+\cdots+y_n}{n}
\end{aligned}
$$

时,即当且仅当 G 为 n 个已知点的重心时,两个方括号内的式子各取得最小值,从而整个式子取得最小值. 这就证明了:当且仅当 G 是 n 个已知点的重心时,它与 n 个已知点距离的平方和最小.

1.6.3 三角形的面积

1. 三角形的面积

定理 1.23 若三角形的三个顶点的坐标分别为 (x_1,y_1),(x_2,y_2),(x_3,y_3),则这个三角形的面积为

$$\frac{1}{2}(x_1y_2-x_2y_1+x_2y_3-x_3y_2+x_3y_1-x_1y_3)$$

的绝对值,即

$$\frac{1}{2}\begin{vmatrix}x_1 & y_1 & 1\\ x_2 & y_2 & 1\\ x_3 & y_3 & 1\end{vmatrix}$$

的绝对值.

证明　如图1.16(a)，设三角形的三个顶点按逆时针方向依次为$A(x_1,y_1)$，$B(x_2,y_2)$，$C(x_3,y_3)$，且$\overline{AB}$与$\overline{AC}$成的最小正角为$\theta(0<\theta<\pi)$，x轴与$\overline{AB}$成的角为θ_1，x轴与$\overline{AC}$成的角为θ_2，则由定理1.13得$\theta=\theta_2-\theta_1$. 又由定理1.19的推论，有

$$|\overline{AB}|\cos\theta_1=x_2-x_1,\ |\overline{AC}|\cos\theta_2=x_3-x_1$$

$$|\overline{AB}|\sin\theta_1=y_2-y_1,\ |\overline{AC}|\sin\theta_2=y_3-y_1$$

所以$\triangle ABC$的面积为

$$\begin{aligned}&\frac{1}{2}|\overline{AB}|\cdot|\overline{AC}|\sin\theta\\=&\frac{1}{2}|\overline{AB}|\cdot|\overline{AC}|\sin(\theta_2-\theta_1)\\=&\frac{1}{2}|\overline{AB}|\cdot|\overline{AC}|(\sin\theta_2\cos\theta_1-\cos\theta_2\sin\theta_1)\\=&\frac{1}{2}|\overline{AB}|\cdot|\overline{AC}|\cdot\left(\frac{y_3-y_1}{|\overline{AC}|}\cdot\frac{x_2-x_1}{|\overline{AB}|}-\frac{x_3-x_1}{|\overline{AC}|}\cdot\frac{y_2-y_1}{|\overline{AB}|}\right)\\=&\frac{1}{2}(x_1y_2-x_2y_1+x_2y_3-x_3y_2+x_3y_1-x_1y_3)\end{aligned}\tag{1.3}$$

或

$$\frac{1}{2}\begin{vmatrix}x_1&y_1&1\\x_2&y_2&1\\x_3&y_3&1\end{vmatrix}\tag{1.4}$$

如图1.16(b)，设三角形的三个顶点按顺时针方向依次为$A(x_1,y_1)$，$B(x_2,y_2)$，$C(x_3,y_3)$，这时$\overline{AC}$与$\overline{AB}$成的最小正角

$$\theta=\theta_1-\theta_2=-(\theta_2-\theta_1)$$

以下仍用和上面相同的步骤可求出$\triangle ABC$的面积为

$$-\frac{1}{2}(x_1y_2-x_2y_1+x_2y_3-x_3y_2+x_3y_1-x_1y_3)$$

或

$$-\frac{1}{2}\begin{vmatrix}x_1&y_1&1\\x_2&y_2&1\\x_3&y_3&1\end{vmatrix}$$

所以三角形的面积为式(1.3)(即式(1.4))的绝对值.

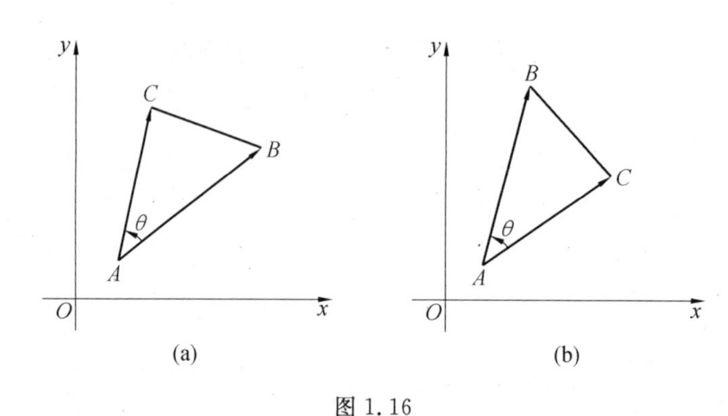

图 1.16

2. 简单多边形的面积

计算简单多边形面积的问题可通过计算一些三角形的面积来解决.

3. 三点共线的条件

当三点共线时,以这三点为顶点的三角形的面积为 0,并且反过来显然也成立,因此有以下的定理.

定理 1.24 三点(x_1,y_1),(x_2,y_2),(x_3,y_3)共线的充要条件为

$$\begin{vmatrix} x_1 & y_1 & 1 \\ x_2 & y_2 & 1 \\ x_3 & y_3 & 1 \end{vmatrix}=0$$

例 1.6 一块构造均匀的四边形薄板的四个顶点依次为 $A(1,5)$,$B(-4,2)$,$C(-2,-1)$,$D(8,-5)$,求它的重心的坐标.

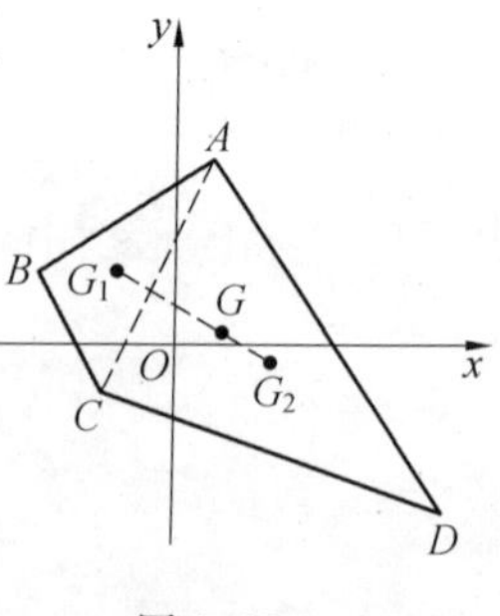

图 1.17

解 如图 1.17,联结四边形 $ABCD$ 的一条对角线,例如联结对角线 AC,把四边形薄板分成两块三角形板. $\triangle ABC$ 这块板的重心 G_1 的坐标为

$$\left(\frac{1+(-4)+(-2)}{3},\frac{5+2+(-1)}{3}\right)=\left(-\frac{5}{3},2\right)$$

$\triangle ACD$ 这块板的重心 G_2 的坐标为

$$\left(\frac{1+(-2)+8}{3},\frac{5+(-1)+(-5)}{3}\right)=\left(\frac{7}{3},-\frac{1}{3}\right)$$

容易计算出三角板 ABC 的面积为$\frac{21}{2}$,三角板 ACD 的面积为 36,所以这两块板的面积的比为$\frac{21}{2}:36=7:24$.因板的构造均匀,所以这两块板的质量的比也是 $7:24$.这就是说,在点 $G_1\left(-\frac{5}{3},2\right)$ 和 $G_2\left(\frac{7}{3},-\frac{1}{3}\right)$ 处各放有质量为 7 个单位和 24 个单位的一个质点.由例 1.4 中的(1) 可知这两个质点组成的质点系的重心 G 的坐标为

$$\left(\frac{7\times\left(-\frac{5}{3}\right)+24\times\frac{7}{3}}{7+24},\frac{7\times2+24\times\left(-\frac{1}{3}\right)}{7+24}\right)=\left(\frac{133}{93},\frac{6}{31}\right)$$

这也就是四边形薄板 $ABCD$ 的重心的坐标.

例 1.7　已知 $\triangle ABC$ 的三个顶点 A,B,C 的坐标各为(1,1),(8,4),(3,10),有一点 P,使 $\triangle PBC$,$\triangle PCA$,$\triangle PAB$ 的面积相等,求点 P 的坐标.

解　设点 P 的坐标为(x,y) 那么,由已知条件得

$$\left|\frac{1}{2}\begin{vmatrix}x&y&1\\8&4&1\\3&10&1\end{vmatrix}\right|=\left|\frac{1}{2}\begin{vmatrix}x&y&1\\3&10&1\\1&1&1\end{vmatrix}\right|$$

及

$$\left|\frac{1}{2}\begin{vmatrix}x&y&1\\3&10&1\\1&1&1\end{vmatrix}\right|=\left|\frac{1}{2}\begin{vmatrix}x&y&1\\1&1&1\\8&4&1\end{vmatrix}\right|$$

所以有

$$\begin{vmatrix}x&y&1\\8&4&1\\3&10&1\end{vmatrix}=\pm\begin{vmatrix}x&y&1\\3&10&1\\1&1&1\end{vmatrix}$$

及

$$\begin{vmatrix}x&y&1\\3&10&1\\1&1&1\end{vmatrix}=\pm\begin{vmatrix}x&y&1\\1&1&1\\8&4&1\end{vmatrix}$$

由此得

$$-6x-5y+68=\pm(9x-2y-7)$$

及

$$9x-2y-7=\pm(-3x+7y-4)$$

于是得到四个方程组,即

$$\begin{cases}5x+y-25=0\\4x-3y-1=0\end{cases},\begin{cases}3x-7y+61=0\\4x-3y-1=0\end{cases}$$

$$\begin{cases}3x-7y+61=0\\6x+5y-11=0\end{cases},\begin{cases}5x+y-25=0\\6x+5y-11=0\end{cases}$$

这四个方程组的解依次为

$$\begin{cases}x_0=4\\y_0=5\end{cases},\begin{cases}x_1=10\\y_1=13\end{cases},\begin{cases}x_2=-4\\y_2=7\end{cases},\begin{cases}x_3=6\\y_3=-5\end{cases}$$

即满足条件的点共有四个:$P_0(4,5)$,$P_1(10,13)$,$P_2(-4,7)$,$P_3(6,-5)$(图1.18).

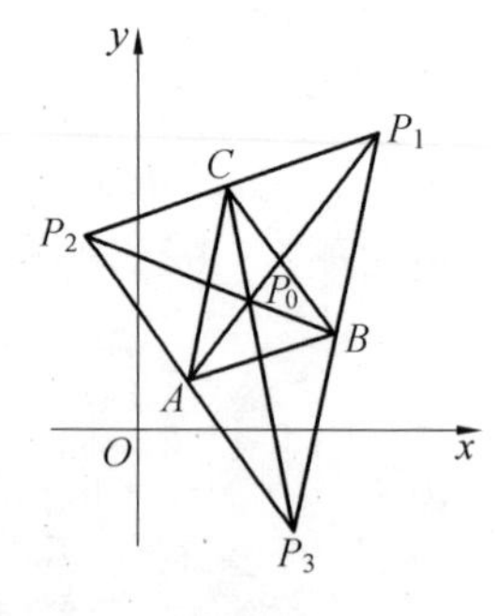

图1.18

第2章　曲线与方程

2.1　曲线的直角坐标方程的定义

在普通解析几何中，把曲线看作是具有某种性质（或适合某种条件）的点的轨迹.

定义2.1　设C是平面上具有某种性质的点组成的曲线，$F(x,y)=0$是含有两个变数x,y的方程，如果：

(1) 曲线C上点的坐标都满足方程$F(x,y)=0$；

(2) 平面上坐标满足方程$F(x,y)=0$的点都在曲线C上，那么，方程$F(x,y)=0$叫作曲线C的直角坐标方程（简称方程），而曲线C叫作方程$F(x,y)=0$的曲线（图像）. 曲线C上任意点的坐标(x,y)叫作曲线C上点的流动坐标.

例2.1　设两条曲线$F(x,y)=0$与$G(x,y)=0$都通过点$M(x_0,y_0)$，求证：曲线$\lambda F(x,y)+\mu G(x,y)=0$（$\lambda,\mu$是不同时为0的两个实数）也通过点$M$.

证明　因曲线$F(x,y)=0$与$G(x,y)=0$都通过点$M(x_0,y_0)$，所以等式$F(x_0,y_0)=0$，$G(x_0,y_0)=0$都成立，所以$\lambda F(x_0,y_0)+\mu G(x_0,y_0)=0$成立，因此，曲线$\lambda F(x,y)+\mu G(x,y)=0$通过点$M(x_0,y_0)$.

2.2　已知曲线，求它的方程

求已知曲线的方程的一般步骤如下：

(1) 建立坐标系. 在已知条件中，若给出点的坐标或曲线方程，这时在平面上首先建立直角坐标系，然后把已知点、曲线等图形画出.

在已知条件中，若给出点、曲线等几何图形，在这种情形下，直角坐标系可以适当建立，这时应考虑怎样建立坐标系能使所求曲线方程尽可能简单. 建立了坐标系以后，某些有关的点的坐标、曲线的方程应确定下来，以便求曲线方程时应用. 当然，由于建立坐标系的方法不同，所得的曲线的方程一般也不相同，只要解法正确，求得的结果都认为是正确的.

对前一种情形,解题时不必说明;对后一种情形,解题时应扼要叙述.

(2) 在已知曲线上任取一点 M,设 M 的坐标为(x,y).

(3) 写出已知曲线上所有点的共同性质.

(4) 根据上述性质列出坐标 x 和 y 的关系式(初始方程).

(5) 将(4) 所得 x 和 y 的关系式进行化简,得方程 $F(x,y)=0$.

(6) 证明所得方程 $F(x,y)=0$ 是已知曲线的方程.但证明 $F(x,y)=0$ 满足曲线方程的定义的条件(1),实际上是重复求 $F(x,y)=0$ 的过程,故可省略,因而只需证明 $F(x,y)=0$ 满足条件(2).但如方程化简过程中的每一步都是同解变形,那么所得方程就是曲线的方程,在这种情况下,条件(2) 的证明可以略去.通常对证明 $F(x,y)=0$ 满足条件(2) 不作要求.

(7) 得出结论.

在实际求曲线方程时,不必严格地按上述步骤去完成.

例 2.2 已知两点 F_1 与 F_2 间的距离为 6,求与 F_1 及 F_2 的距离的和为定值 8 的点的轨迹的方程.

解 如图 2.1,用以下方法建立直角坐标系:x 轴通过已知点 F_1 与 F_2,并且 F_1 到 F_2 的方向为 x 轴的正方向;线段 F_1F_2 的中点 O 作为原点.在这坐标系中,点 F_1 的坐标为$(-3,0)$,点 F_2 的坐标为$(3,0)$.设 $M(x,y)$ 为轨迹上的任意一点.由于

$$|F_1M|+|F_2M|=8$$

所以点 M 的坐标(x,y) 满足方程

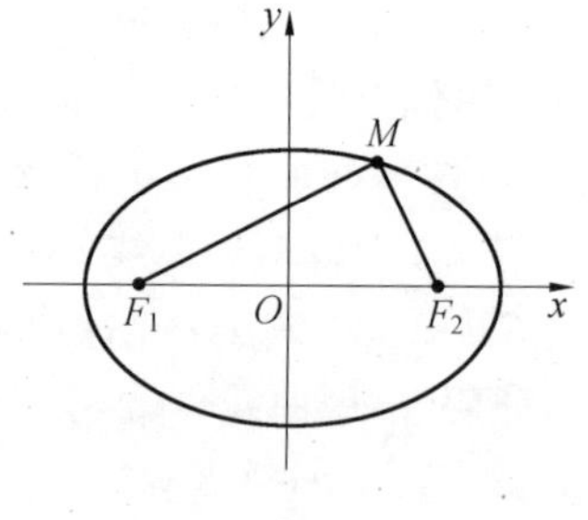

图 2.1

$$\sqrt{(x+3)^2+y^2}+\sqrt{(x-3)^2+y^2}=8$$

化简这个方程,得

$$7x^2+16y^2=112 \tag{2.1}$$

我们来证明式(2.1) 是轨迹的方程.由求得式(2.1) 的过程可知,凡轨迹上的点的坐标都满足式(2.1).反过来,设点 M_0 的坐标(x_0,y_0) 满足式(2.1),即

$$7x_0^2+16y_0^2=112 \tag{2.2}$$

我们来证明点 M_0 在轨迹上.点 $M_0(x_0,y_0)$ 与已知点 $F_1(-3,0)$ 的距离

$$\begin{aligned}|F_1M_0|&=\sqrt{(x_0+3)^2+y_0^2}\\&=\sqrt{(x_0+3)^2+\frac{112-7x_0^2}{16}}\quad(\text{由式(2.2) 得})\end{aligned}$$

$$=\frac{1}{4}\mid 3x_0+16\mid$$

$$=\frac{1}{4}(3x_0+16)$$

(因由式(2.2)，$x_0^2\leqslant\frac{112}{7}=16$，所以 $\mid x_0\mid\leqslant 4$，从而 $3x_0+16\geqslant 0$).

同样可求得 $\mid F_2M_0\mid=\frac{1}{4}(16-3x_0)$，所以

$$\mid F_1M_0\mid+\mid F_2M_0\mid=\frac{1}{4}(3x_0+16)+\frac{1}{4}(16-3x_0)=8$$

这个等式说明点 M_0 与两已知点 F_1 及 F_2 距离的和为 8，所以点 M_0 在轨迹上，所以轨迹的方程为(2.1).

例 2.3　已知曲线 $x^2+y^2=4R^2(R>0)$ 和点 $A(2a,0)$，从 A 向这曲线上引线段 AB，求 AB 的中点 M 的轨迹的方程.

解　设中点 M 的坐标为(X,Y)，由线段中点坐标公式可求得线段 AB 的端点 B 的坐标为$(2X-2a,2Y)$. 由于点 B 在已知曲线上，所以它的坐标满足已知曲线的方程

$$(2X-2a)^2+(2Y)^2=4R^2$$

即

$$(X-a)^2+Y^2=R^2 \tag{2.3}$$

这个 X 与 Y 的关系式即是点 M 的轨迹的方程.

事实上，由求式(2.3)的过程可知，凡轨迹上的点的坐标都满足式(2.3). 现在证明凡坐标满足式(2.3)的点都在轨迹上. 设点 M_0 的坐标(X_0,Y_0)满足式(2.3)，即

$$(X_0-a)^2+Y_0^2=R^2 \tag{2.4}$$

在线段 AM_0 的延长线上取一点 B_0，使 M_0 为线段 AB_0 的中点. 由线段中点坐标公式可求得 B_0 的坐标为$(2X_0-2a,2Y_0)$，而

$$(2X_0-2a)^2+(2Y_0)^2=4[(X_0-a)^2+Y_0^2]=4R^2\quad(\text{由}(2.4))$$

这说明点 B_0 的坐标满足已知曲线的方程 $x^2+y^2=4R^2$，从而点 B_0 在已知曲线上，即 M_0 是从已知点 A 到已知曲线上引的线段 AB_0 的中点，这就证明了凡坐标满足式(2.3)的点必是轨迹上的点.

所以式(2.3)是点 M 的轨迹的方程(图 2.2). 为与习惯一致，把式(2.3)改为

$$(x-a)^2+y^2=R^2$$

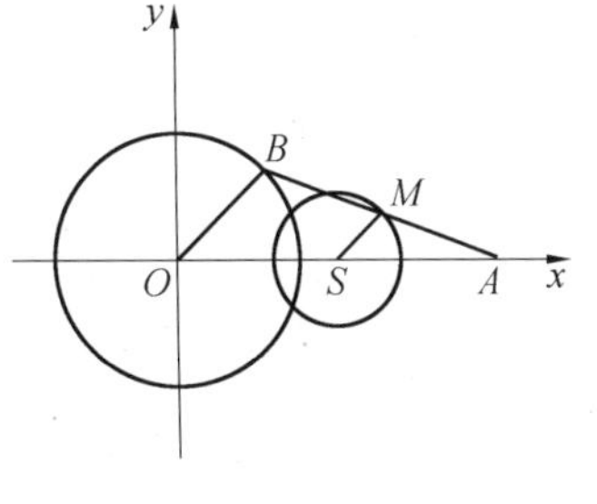

图 2.2

2.3 已知曲线的方程,描绘曲线

2.3.1 描点法

描点法是首先描绘出曲线上的一些点,然后根据这些点排列的状况再描绘出曲线的大体形象.

2.3.2 曲线性质的讨论

1.曲线在坐标轴上的截距

设一条曲线和 x 轴相交,则每个交点的横坐标都叫作这条曲线在 x 轴上的截距(横截距).设一条曲线和 y 轴相交,则每个交点的纵坐标都叫作这条曲线在 y 轴上的截距(纵截距).

要求曲线 $F(x,y)=0$ 在 x 轴上的截距,需令方程中的 y 等于 0,得到方程 $F(x,0)=0$,解这个方程,则这个方程的实根 $x_1,x_2,\cdots,x_m$ 都是曲线 $F(x,y)=0$ 在 x 轴上的截距.令方程 $F(x,y)=0$ 中的 x 等于 0,得到方程 $F(0,y)=0$,解这个方程,则这个方程的实根 $y_1,y_2,\cdots,y_n$ 都是曲线 $F(x,y)=0$ 在 y 轴上的截距.一条曲线不一定有横截距或纵截距.特别地,当 $x=0$ 时,如得到 $y=0$,则这曲线通过原点.例如,当曲线方程 $F(x,y)=0$ 的左端是 x 和 y 的多项式时,则这曲线通过原点的充要条件是常数项为 0.

2.曲线的对称性

定理 2.1 已知曲线 $F(x,y)=0$,用 $-y$ 代替方程中的 y,若方程不变,则这曲线关于 x 轴对称;否则关于 x 轴不对称.用 $-x$ 代替方程中的 x,若方程不变,则这曲线关于 y 轴对称;否则关于 y 轴不对称.用 $-x$ 和 $-y$ 分别代替方程中的 x 和 y,若方程不变,则这曲线关于原点对称;否则关于原点不对称.

证明 由于用 $-y$ 代替方程中的 y 方程不变,从而

$$F(x,-y)\equiv\pm F(x,y) \tag{2.5}$$

设(x_0, y_0)为曲线上的任意一点，则

$$F(x_0, y_0)=0 \tag{2.6}$$

点(x_0, y_0)关于 x 轴的对称点为$(x_0, -y_0)$，而

$$F(x_0, -y_0)=\pm F(x_0, y_0)=0 \quad (\text{由}(2.5),(2.6))$$

所以点$(x_0, -y_0)$也是曲线上一点，从而曲线 $F(x, y)=0$ 关于 x 轴对称.

用 $-y$ 代替方程中的 y，若方程变化，即

$$F(x, -y)\not\equiv\pm F(x, y)$$

则不能总有 $F(x_0, -y_0)=0$，即$(x_0, -y_0)$不会总是曲线上的点，从而曲线 $F(x, y)=0$ 关于 x 轴不对称.

同理证明定理的其余部分.

一条曲线关于 x 轴、y 轴、原点对称与否不是彼此完全孤立的，而是存在着某种联系. 事实上有以下的定理.

定理 2.2　若一条曲线关于 x 轴和 y 轴都对称，则它关于原点也对称.

证明　设曲线方程为 $F(x, y)=0$，则

$$\begin{aligned} F(-x, -y) &\equiv\pm F(-x, y) \quad (\text{因曲线关于 } x \text{ 轴对称}) \\ &\equiv\pm F(x, y) \quad (\text{因曲线关于 } y \text{ 轴对称}) \end{aligned}$$

由定理 2.1 可知曲线 $F(x, y)=0$ 关于原点对称.

定理 2.3　若一条曲线关于一条坐标轴和原点都对称，则它关于另一条坐标轴也对称.

由定理 2.2 和定理 2.3 可知，如果一条曲线关于 x 轴、y 轴、原点中的任两者都对称，则它关于第三者也对称. 但需注意：当一曲线关于 x 轴、y 轴、原点中某两者都不对称时，它关于第三者未必不对称. 例如 $y=x$，$y=x^3$，$y=\sin x$ 等曲线关于 x 轴、y 轴都不对称，但它们都关于原点对称. 又如 $y=x^2$，$y=x^4$，$y=\cos x$ 等曲线关于 x 轴、原点都不对称，但它们都关于 y 轴对称.

还有两点应该说明：

第一点：若一条曲线关于每一坐标轴都不对称，这只说明坐标轴不是它的对称轴，但它未必不是轴对称图形，即它仍有可能有其他对称轴. 同样，当一条曲线关于原点不对称时，这只说明原点不是它的对称中心，但它未必不是中心对称图形，即它仍有可能有其他对称中心.

第二点：一条曲线的方程从形式上看，它的曲线关于坐标轴或原点是对称的，但这条曲线可能根本画不出来，例如 $x^2+4y^2+1=0$ 就是这样. 这时谈论它的对称性在实解析几何中没有意义.

定理 2.4　已知曲线 $F(x, y)=0$，把方程中的 x 与 y 互换，若方程不变，则

这曲线关于直线 $y=x$(第一、第三坐标角的平分线) 对称.

3. 曲线的范围

由于在实解析几何中点的坐标必须是实数,因此,$x(y)$ 只能取使 $y(x)$ 为实数的那些实数值.由 x 和 y 的取值范围,就可以确定曲线向左右、上下伸展的情形.

要确定曲线的范围,在一般情形下,可用以下法则:从曲线方程 $F(x,y)=0$ 解出 y,设 $y=\varphi(x)$.由这个方程确定出 x 的取值范围,就可以知道曲线向左右伸展的情形.从曲线方程解出 x,设 $x=\psi(y)$.由这个方程确定出 y 的取值范围,就可以知道曲线向上下伸展的情形.

例 2.4 确定曲线 $x^2-4y^2+16y=0$ 的范围.

解 由曲线方程解出 y,得

$$y=2\pm\frac{1}{2}\sqrt{x^2+16}$$

从而 x 可以取任意实数,所以曲线向左右无限伸展.解出 x,得

$$x=\pm2\sqrt{y^2-4y}=\pm2\sqrt{y(y-4)}$$

从而 y 必须满足不等式

$$y\leqslant0$$

或

$$y\geqslant4$$

所以曲线一部分位于直线 $y=0$(x 轴) 下侧,并且向下无限伸展;一部分位于直线 $y=4$ 上侧,并且向上无限伸展.

有些问题不能用例 2.4 的方法去解.

例 2.5 确定曲线$\sqrt{x}+\sqrt{y}=2$ 的范围.

在这个问题里,不能由原方程解出 y 或 x;因为要解出 y 或 x,势必要通过平方的手段来达到目的,但这却改变了原来的曲线.

解 首先考虑 x,x 必须满足不等式 $x\geqslant0$.又因$\sqrt{y}\geqslant0$,所以$\sqrt{x}\leqslant2$,从而 $x\leqslant4$,因此 x 满足不等式

$$0\leqslant x\leqslant4$$

所以曲线在直线 $x=0$(即 y 轴) 和 $x=4$ 之间.

同理,y 满足不等式

$$0 \leqslant y \leqslant 4$$

所以曲线在直线 $y=0$(即 x 轴)和 $y=4$ 之间. 曲线如图 2.3 所示，它是抛物线的一段弧.

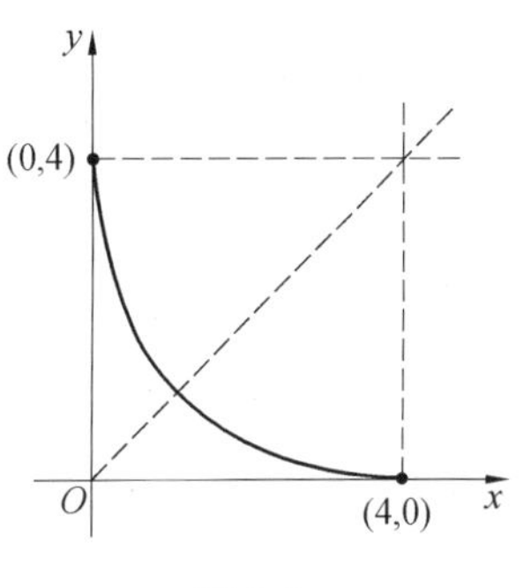

图 2.3

4. 曲线的水平与垂直渐近线

定义 2.2　在坐标平面上，设 M 是曲线 C 上一点，若 M 沿曲线 C 与原点无穷远离时，如果点 M 和某一确定直线 l 的距离趋近于零(即不论指定怎样小的一个正数 ε，当点 M 沿曲线 C 移动到某个位置之后，点 M 和直线 l 的距离就总小于 ε)，那么直线 l 叫作曲线 C 的渐近线(图 2.4).

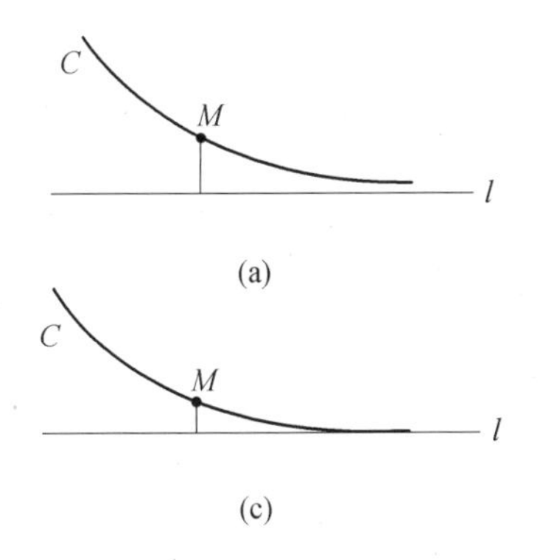

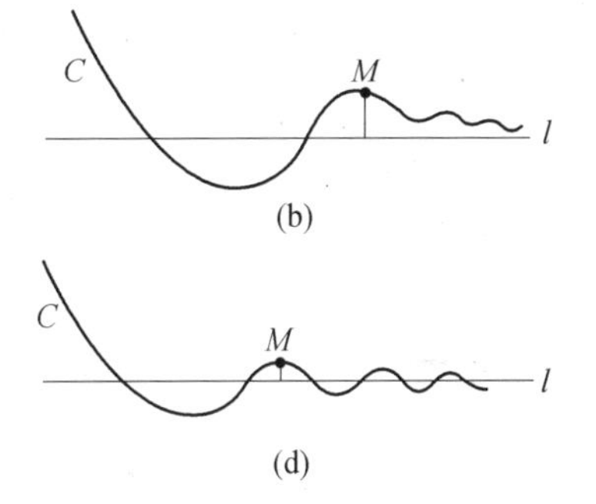

图 2.4

求曲线 $F(x,y)=0$ 的水平渐近线(平行于 x 轴的渐近线)与垂直渐近线(垂直于 x 轴的渐近线)在一般情形下用以下法则：

(1) 水平渐近线. 由曲线方程解出 x，得 $x=\varphi(y)$. 若 $\lim\limits_{y\to a^-}\varphi(y)=\infty$ 或 $\lim\limits_{y\to a^+}\varphi(y)=\infty$，则直线 $y=a$ 为曲线 $F(x,y)=0$ 的水平渐近线. 若由曲线方程解出 y，得 $y=\psi(x)$. 若 $\lim\limits_{x\to+\infty}\psi(x)=A$ 或 $\lim\limits_{x\to-\infty}\psi(x)=B$，则直线 $y=A$ 或 $y=B$ 为曲线 $F(x,y)=0$ 的水平渐近线(这里不排除 $A=B$).

(2) 垂直渐近线. 由曲线方程解出 y，得 $y=\psi(x)$. 若 $\lim\limits_{x\to a^-}\psi(x)=\infty$ 或 $\lim\limits_{x\to a^+}\psi(x)=\infty$，则直线 $x=a$ 为曲线 $F(x,y)=0$ 的垂直渐近线. 若由曲线方程解出 x，得 $x=\varphi(y)$. 若 $\lim\limits_{y\to+\infty}\varphi(y)=A$ 或 $\lim\limits_{y\to-\infty}\varphi(y)=B$，则直线 $x=A$ 或 $x=B$ 为曲线 $F(x,y)=0$ 的垂直渐近线(这里不排除 $A=B$).

例 2.6 求曲线 $xy-2y-4=0$ 的水平与垂直渐近线.

解 (1) 水平渐近线.从曲线方程解出 x,得 $x=\frac{2y+4}{y}$,我们有

$$\lim_{y\to 0^-}\frac{2y+4}{y}=-\infty$$

$$\lim_{y\to 0^+}\frac{2y+4}{y}=+\infty$$

故 $y=0$,即 x 轴是曲线的水平渐近线.

从曲线方程解出 y,得 $y=\frac{4}{x-2}$,我们有

$$\lim_{x\to +\infty}\frac{4}{x-2}=0$$

$$\lim_{x\to -\infty}\frac{4}{x-2}=0$$

故 $y=0$,即 x 轴是曲线的水平渐近线.

(2) 垂直渐近线.从曲线方程解出 y,得

$$y=\frac{4}{x-2}$$

我们有

$$\lim_{x\to 2^-}\frac{4}{x-2}=-\infty$$

$$\lim_{x\to 2^+}\frac{4}{x-2}=+\infty$$

故直线 $x=2$ 是曲线的垂直渐近线.

从曲线方程解出 x,得

$$x=\frac{2y+4}{y}$$

我们有

$$\lim_{y\to +\infty}\frac{2y+4}{y}=\lim_{y\to +\infty}\frac{2+\frac{4}{y}}{1}=2$$

$$\lim_{y\to -\infty}\frac{2y+4}{y}=\lim_{y\to -\infty}\frac{2+\frac{4}{y}}{1}=2$$

故直线 $x=2$ 是曲线的垂直渐近线(图 2.5).

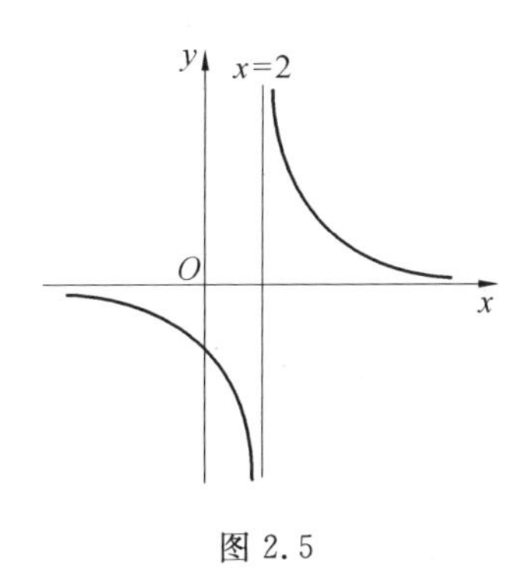

图 2.5

2.3.3　已知曲线的方程,讨论并描绘曲线

已知曲线的方程,要描绘这条曲线,首先根据曲线方程讨论曲线的某些性质,然后用描点法描绘出曲线.

例 2.7　描绘曲线$(x^4-4x^2)y=4$.

解　(1) 截距:横截距、纵截距都不存在,即曲线与 x 轴、y 轴都没有交点.

(2) 对称性:关于 y 轴对称,关于 x 轴、原点都不对称.

(3) 范围:由于

$$y=\frac{4}{x^2(x+2)(x-2)}$$

所以 $x\neq 0,-2,2$,所以曲线被直线 $x=-2$,$x=0$(y 轴),$x=2$ 隔开,并且由于 x 可取小于 -2 的一切实数或大于 2 的一切实数,所以曲线的一部分位于直线 $x=-2$ 的左面,并且向左无限伸展;一部分位于直线 $x=2$ 的右面,并且向右无限伸展;一部分位于直线 $x=-2$ 与 $x=0$ 之间;还有一部分位于直线 $x=0$ 与 $x=2$ 之间. 由于

$$x^2=\frac{2\left(y\pm\sqrt{(y-0)\left[y-\left(-\frac{1}{4}\right)\right]}\right)}{y}$$

所以 y 的取值必须使等号右端的式子的值不小于 0. 首先,根号下的式子的值必须大于或等于 0,因此,y 必须满足以下的不等式

$$y\leqslant-\frac{1}{4}$$

或

$$y\geqslant 0$$

从式子的分母看，$y \neq 0$，所以 y 必须满足以下的不等式

$$y \leqslant -\frac{1}{4}$$

或

$$y > 0$$

从整个式子看，这时它也有正值，所以曲线有的部分位于直线 $y = -\frac{1}{4}$ 的下侧，并且向下无限伸展；有的部分位于直线 $y=0$(x 轴)的上侧，并且向上无限伸展.

(4) 渐近线：从 y 的表达式可以看出，它有三条垂直渐近线：$x=-2$，$x=0$，$x=2$. 从 y 的表达式还可看出，它有一条水平渐近线 $y=0$.

(5) 解出 y：$y = \dfrac{4}{x^4 - 4x^2}$.

(6) 计算 x 和 y 的对应值：由于曲线关于 y 轴对称，所以只需给 x 以一些正的值. x 和 y 的一些对应值如表 2.1.

表 2.1

x	0.4	0.5	0.7	1	1.4	1.6	1.8	1.9	2.1	2.2	2.5	3	4
y	−7	−4.3	−2.3	−1.3	−0.25	−1.1	−1.3	−2.9	2.2	1	0.3	0.07	0.02

(7) 描点：首先描出横坐标介于 0 与 2 之间的点(0.4，−7)，(0.5，−4.3)，…，(1.9，−2.9)；再描出横坐标大于 2 的点(2.1，2.2)，(2.2，1)，…，(4，0.02).

(8) 描曲线：用平滑曲线顺势联结前一组点，就得到曲线位于直线 $x=0$ 与 $x=2$ 之间的部分. 用平滑曲线顺势联结后一组点，就得到曲线位于直线 $x=2$ 右侧的部分.

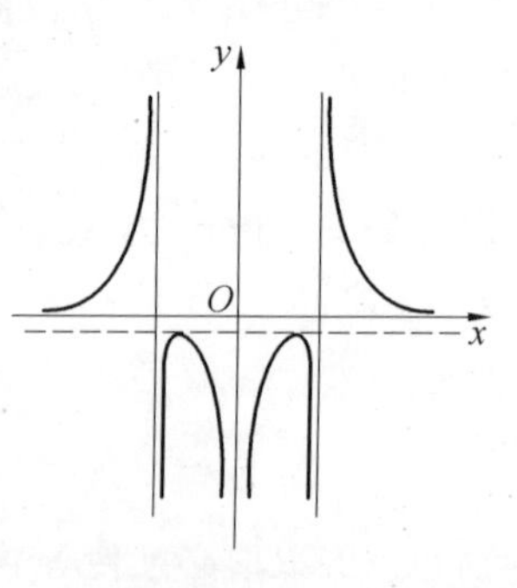

图 2.6

最后利用曲线关于 y 轴的对称性就可以描出曲线位于 y 轴左侧的部分而得到整个曲线(图 2.6).

关于方程 $F(x, y)=0$ 所表示的曲线有几个问题需要说明：

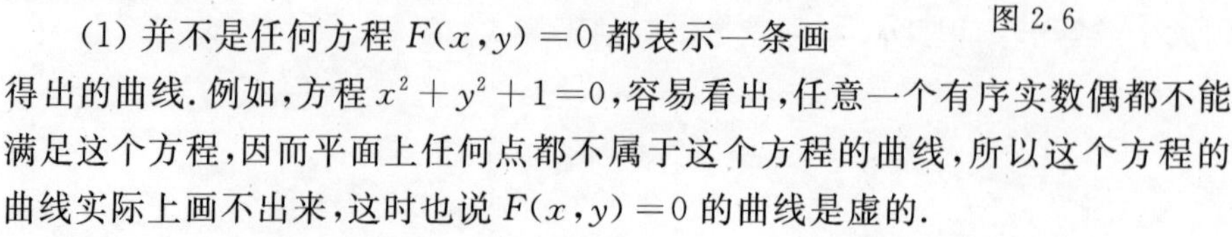

(1) 并不是任何方程 $F(x, y)=0$ 都表示一条画得出的曲线. 例如，方程 $x^2+y^2+1=0$，容易看出，任意一个有序实数偶都不能满足这个方程，因而平面上任何点都不属于这个方程的曲线，所以这个方程的曲线实际上画不出来，这时也说 $F(x, y)=0$ 的曲线是虚的.

(2) 方程 $F(x,y)=0$ 所表示的曲线，有时实际上只是一个或几个孤立的实点. 例如，方程 $(x^2-1)^2+(y^2-4)^2=0$ 表示的曲线是四个孤立点：$(1,2)$，$(-1,2)$，$(1,-2)$，$(-1,-2)$.

(3) 有的方程的曲线虽然不是虚的，但这种曲线不能实际作出来而只能去想象. 例如，著名的狄里克雷(P. G. L. Dirichlet) 函数

$$y=\begin{cases}1, & \text{当 } x \text{ 是有理数时} \\ -1, & \text{当 } x \text{ 是无理数时}\end{cases}$$

的图像就是这样.

(4) 设方程 $F(x,y)=0$ 的左端是 x 和 y 的有理整函数. 如果左端可以分解为一些因式(一些有理整函数) 的乘积，即

$$F(x,y)=f_1(x,y)\cdot f_2(x,y)\cdot\cdots\cdot f_n(x,y)$$

那么方程

$$f_1(x,y)=0, f_2(x,y)=0, \cdots, f_n(x,y)=0$$

所表示的一组曲线与 $F(x,y)=0$ 所表示的曲线相同.

事实上，设 (x_0,y_0) 是曲线 $F(x,y)=0$ 上的任意一点，那么 $F(x_0,y_0)=0$，但

$$F(x,y)=f_1(x,y)\cdot f_2(x,y)\cdot\cdots\cdot f_n(x,y)$$

所以有

$$f_1(x_0,y_0)\cdot f_2(x_0,y_0)\cdot\cdots\cdot f_n(x_0,y_0)=0$$

这样，在 $f_1(x_0,y_0)$，$f_2(x_0,y_0)$，…，$f_n(x_0,y_0)$ 中至少有一个等于0，设 $f_i(x_0,y_0)=0$(i 为1,2,…,n 中之一)，这就是说 (x_0,y_0) 是曲线 $f_i(x,y)=0$ 上的一点. 这就证明了曲线 $F(x,y)=0$ 上的每个点至少在曲线 $f_1(x,y)=0$，$f_2(x,y)=0$，…，$f_n(x,y)=0$ 之一上.

反过来，设 (x_i,y_i) 是曲线 $f_i(x,y)=0$(i 为1,2,…,n 中之一) 上的任意一点，那么 $f_i(x_i,y_i)=0$，因而也就有

$$F(x_i,y_i)=f_1(x_i,y_i)\cdot\cdots\cdot f_i(x_i,y_i)\cdot\cdots\cdot f_n(x_i,y_i)=0$$

所以 (x_i,y_i) 是曲线 $F(x,y)=0$ 上的一点. 这就证明了每条曲线 $f_1(x,y)=0$，$f_2(x,y)=0$，…，$f_n(x,y)=0$ 上的点都在曲线 $F(x,y)=0$ 上.

所以 $f_1(x,y)=0$，$f_2(x,y)=0$，…，$f_n(x,y)=0$ 所表示的 n 条曲线的总体与 $F(x,y)=0$ 所表示的曲线相同.

这一事实给我们描绘曲线带来方便，因为描绘曲线 $f_1(x,y)=0$，$f_2(x,y)=0$，…，$f_n(x,y)=0$ 比描绘曲线 $F(x,y)=0$ 一般要简便.

2.4 曲线的交点

要求曲线 $F_1(x,y)=0$ 和 $F_2(x,y)=0$ 的交点,只需解方程组

$$\begin{cases}F_1(x,y)=0\\F_2(x,y)=0\end{cases}$$

例 2.8 已知曲线 $y=kx+13$ 和 $x^2+y^2=25$,当 k 取什么值时,这两条曲线:

(1) 有两个不同实交点?

(2) 有两个相同实交点?

(3) 没有实交点?

解 解方程组

$$\begin{cases}y=kx+13\\x^2+y^2=25\end{cases}\tag{2.7}$$

消去 y,得

$$(1+k^2)x^2+26kx+144=0\tag{2.8}$$

所以它的根的判别式为

$$\Delta=(26k)^2-4(1+k^2)\cdot 144=4(25k^2-144)$$

从而:

(1) 当且仅当 $k^2>\frac{144}{25}$,即 $k<-\frac{12}{5}$ 或 $k>\frac{12}{5}$ 时式(2.8) 有两个不同的实数根,从而式(2.7) 有两个不同的实数解,所以两条曲线有两个不同实交点.

(2) 当且仅当 $k^2=\frac{144}{25}$,即 $k=-\frac{12}{5}$ 或 $k=\frac{12}{5}$ 时式(2.8) 有两个相同的实数根,从而式(2.7) 有两个相同的实数解,所以两条曲线有两个相同实交点.

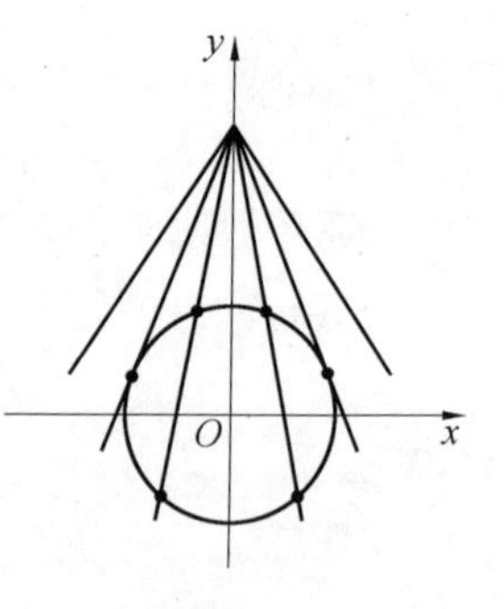

图 2.7

(3) 当且仅当 $k^2<\frac{144}{25}$,即 $-\frac{12}{5}<k<\frac{12}{5}$ 时式(2.8) 有两个虚数根,从而式(2.7) 有两个虚数解,所以两条曲线没有实交点(图2.7).

第3章　直　　线

3.1　直线的倾斜角和斜率

3.1.1　直线的倾斜角

定义 3.1　当一条直线 l 与 x 轴相交时，x 轴的正方向与 l 的向上的方向的夹角叫作直线 l 的倾斜角；当直线 l 与 x 轴平行或重合时，x 轴的正方向与 l 的向右的方向的夹角叫作直线 l 的倾斜角（图 3.1）.

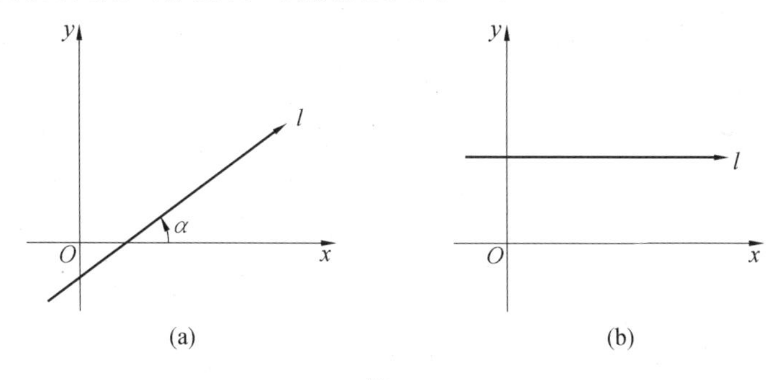

图 3.1

从以上定义看，一条确定直线的倾斜角的值不是唯一确定的，而是有无穷多个值. 一般为了讨论问题简便，我们只取其中最小的非负的值作为倾斜角的值，于是平面上任何直线的倾斜角 α 满足不等式：$0 \leqslant \alpha < \pi$.

3.1.2　直线的斜率

定义 3.2　一条直线的倾斜角的正切叫作这条直线的斜率（角系数）.

定理 3.1（斜率公式）　通过两已知点 $A(x_1, y_1)$ 和 $B(x_2, y_2)$ 的直线 AB 的斜率

$$k_{AB}=\frac{y_1-y_2}{x_1-x_2}\quad (x_1\neq x_2)$$

例 3.1 若 x_1,x_2,x_3 互不相等,求证:三点 $A(x_1,y_1),B(x_2,y_2),C(x_3,y_3)$ 共线的充要条件是

$$\frac{y_1-y_2}{x_1-x_2}=\frac{y_2-y_3}{x_2-x_3}$$

证明 设点 A,B,C 共线,这直线为 l,则 k_{AB},k_{BC} 都是 l 的斜率,所以有

$$\frac{y_1-y_2}{x_1-x_2}=\frac{y_2-y_3}{x_2-x_3}$$

反之,设点 A,B,C 不共线,则直线 AB,BC 的倾斜角不相等,而倾斜角介于 0 与 π 之间,所以 $k_{AB}\neq k_{BC}$,所以以上的等式不成立.

这就证明了以上的等式是三点共线的充要条件.

3.2 直线的方程

3.2.1 平行于坐标轴的直线的方程

定理 3.2 如果一条直线平行于 y 轴,与 y 轴的距离为 $a(a>0)$,若它在 y 轴右侧,则这直线的方程为 $x=a$;若它在 y 轴左侧,则这直线的方程为 $x=-a$;特别地,y 轴的方程为 $x=0$. 如果一条直线平行于 x 轴,与 x 轴的距离为 $b(b>0)$,若它在 x 轴上侧,则这直线的方程为 $y=b$;若它在 x 轴下侧,则这直线的方程为 $y=-b$;特别地,x 轴的方程为 $y=0$.

例 3.2 在长度为 a 并且位置固定的线段 OA 上任取一点 P,以线段 OP,PA 分别为边,在 OA 同侧作正 $\triangle OPQ$ 和 $\triangle PAR$,联结线段 QR,求 QR 的中点 M 的轨迹.

解 如图 3.2 建立直角坐标系. 设 $|OP|=t$,则 $|PA|=a-t$,所以 Q 的坐标为 $\left(\frac{t}{2},\frac{\sqrt{3}}{2}t\right)$,$R$ 的坐标为

$$\left(t+\frac{a-t}{2},\frac{\sqrt{3}}{2}(a-t)\right)=\left(\frac{1}{2}(a+t),\frac{\sqrt{3}}{2}(a-t)\right)$$

设 M 的坐标为 (x,y),由线段中点坐标公式得

$$x=\frac{1}{2}\left[\frac{t}{2}+\frac{1}{2}(a+t)\right]=\frac{1}{2}\left(\frac{a}{2}+t\right)$$

$$y=\frac{1}{2}\left[\frac{\sqrt{3}}{2}t+\frac{\sqrt{3}}{2}(a-t)\right]=\frac{\sqrt{3}}{4}a$$

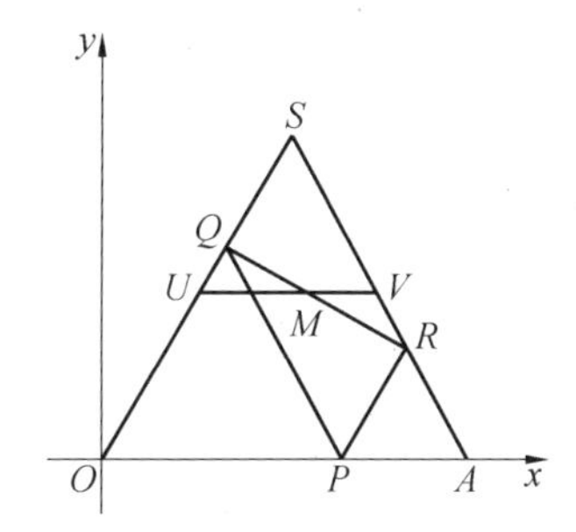

图 3.2

由 $0<t<a$,所以

$$\frac{a}{4}<x<\frac{3}{4}a$$

$$y=\frac{\sqrt{3}}{4}a \quad (a>0)$$

因此 M 的轨迹方程为

$$y=\frac{\sqrt{3}}{4}a \quad \left(\frac{a}{4}<x<\frac{3}{4}a\right)$$

所以 M 的轨迹是平行于 x 轴,在 x 轴上侧与 x 轴的距离为$\frac{\sqrt{3}}{4}a$ 的一条线段,它的两个端点为 $U\left(\frac{a}{4},\frac{\sqrt{3}}{4}a\right)$ 和 $V\left(\frac{3}{4}a,\frac{\sqrt{3}}{4}a\right)$,即正 $\triangle OAS$ 的中位线 UV.

3.2.2 直线的点斜式方程

定理 3.3 通过已知点(x_0,y_0),并且斜率为 k 的直线的方程为

$$y-y_0=k(x-x_0)$$

直线的这种形式的方程叫作直线的点斜式方程,简称直线的点斜式.

说明 当直线通过已知点 $M(x_0,y_0)$ 并且垂直于 x 轴时,则直线的斜率不存在,所以这条直线的点斜式方程不存在,这是点斜式方程的局限性.但这时由定理3.2可知直线的方程为 $x=x_0$.既然直线的点斜式方程有上述局限性,所以应用定理3.3求直线方程时,要考虑通过已知点与 x 轴垂直的直线是否是问题的解,如果是的话,要补充进去.

推论 平分第一和第三坐标角的直线的方程为

$$y=x$$

即

$$x-y=0$$

平分第二和第四坐标角的直线的方程为

$$y=-x$$

即

$$x+y=0$$

例 3.3 通过点 $P(2,1)$ 作直线 l 与 x 轴及 y 轴的两正半轴各相交于点 A，B，求：

(1)$\triangle AOB$ 的面积最小时 l 的方程；

(2) 乘积 $|PA|\cdot|PB|$ 最小时 l 的方程.

(1) **解法 1** 设 l 的斜率为 k，则 l 的方程为

$$y-1=k(x-2)$$

它在 x 轴上的截距为 $\frac{2k-1}{k}$，在 y 轴上的截距为 $1-2k$，所以 $\triangle AOB$ 的面积

$$S=\frac{1}{2}\left|\frac{2k-1}{k}\right|\cdot|1-2k|=\frac{-(2k-1)^2}{2k}$$

(这是因为点 P 在第一象限内，而 A，B 各在 x 轴的正半轴与 y 轴的正半轴上，所以 $k<0$) 由此得

$$4k^2+(2S-4)k+1=0 \tag{3.1}$$

因 k 为实数，所以判别式

$$\Delta=(2S-4)^2-4\times4\times1\geqslant0$$

由此得

$$S(S-4)\geqslant0$$

所以

$$S\geqslant4$$

所以 S 的最小值为 4. 把 $S=4$ 代入(3.1) 得 $k=-\frac{1}{2}$，所以 l 的方程为

$$y-1=-\frac{1}{2}(x-2)$$

即

$$x+2y-4=0$$

解法 2 由解法 1 知道

$$S=\frac{1}{2}\cdot\frac{-(2k-1)^2}{k}=\frac{1}{2}\left(4-4k-\frac{1}{k}\right)$$
$$=\frac{1}{2}\left[4+\left(2\sqrt{-k}-\frac{1}{\sqrt{-k}}\right)^2+4\right]\geqslant 4$$

由此可知,当且仅当 $2\sqrt{-k}=\frac{1}{\sqrt{-k}}$,即 $k=-\frac{1}{2}$ 时,S 取得最小值 4,这时 l 的方程为

$$x+2y-4=0$$

说明 由平面几何知道,当点 P 平分线段 AB 时,$\triangle AOB$ 的面积最小.根据这个道理可以得到本例的更简单的解法.

(2) **解法 1** 设 l 的方程为 $y-1=k(x-2)$,则 l 与 x 轴的正半轴及 y 轴的正半轴的交点 A,B 的坐标分别为 $\left(-\frac{1}{k}+2,0\right)$,$(0,1-2k)$,于是 $|PA|$ 与 $|PB|$ 的乘积

$$M=|PA|\cdot|PB|$$
$$=\sqrt{\left[2-\left(-\frac{1}{k}+2\right)\right]^2+1^2}\cdot\sqrt{2^2+[1-(1-2k)]^2}$$
$$=\frac{2(1+k^2)}{|k|}=\frac{2(1+k^2)}{-k}\quad(\text{因 } k<0)$$

于是得

$$2k^2+Mk+2=0\tag{3.2}$$

因 k 为实数,所以判别式

$$\Delta=M^2-4\times2\times2\geqslant 0$$

即

$$M^2\geqslant 16$$

所以 M 的最小值为 4.把 $M=4$ 代入(3.2)得 $k=-1$,所以 l 的方程为

$$x+y-3=0$$

解法 2 由解法 1 知道

$$|PA|\cdot|PB|=\frac{2(1+k^2)}{-k}=2\left[\frac{1}{-k}+(-k)\right]$$
$$=\left[\left(\sqrt{-\frac{1}{k}}-\sqrt{-k}\right)^2+2\right]\geqslant 4$$

由此可知,当且仅当 $\sqrt{-\frac{1}{k}}=\sqrt{-k}$,即当 $k=-1$ 时,$|PA|\cdot|PB|$ 取得最小

值 4,这时 l 的方程为

$$x+y-3=0$$

3.2.3 直线的斜截式方程

定理 3.4 斜率为 k、纵截距为 b 的直线的方程为

$$y=kx+b$$

直线的这种形式的方程叫作直线的斜截式方程,简称直线的斜截式.

说明 垂直于 x 轴的直线没有斜截式方程.

推论 一次函数 $y=ax+b(a\neq 0)$ 的图像是一条直线.

例 3.4 已知直线 $l_1:y=x+\sqrt{2}$,$l_2:y=x+b_2$,$l_3:y=x+b_3$,…,$l_n:y=x+b_n(\sqrt{2}<b_2<b_3<\cdots<b_n)$,这些直线中相邻两直线之间的距离依次为 2,3,4,…,n.

(1) 求 b_n;

(2) 求直线 l_n 与两条坐标轴围成的三角形的面积;

(3) 求直线 l_{n-1},l_n 以及两条坐标轴围成的梯形的面积.

解 (1) 如图 3.3,直线 l_1 与原点的距离显然为 1,直线 l_2 与原点的距离为 $1+2$,直线 l_3 与原点的距离为 $1+2+3$,……,直线 l_n 与原点的距离为 $1+2+3+\cdots+n=\dfrac{n(n+1)}{2}$,所以直线 l_n 的纵截距

$$b_n=\frac{n(n+1)\sqrt{2}}{2}$$

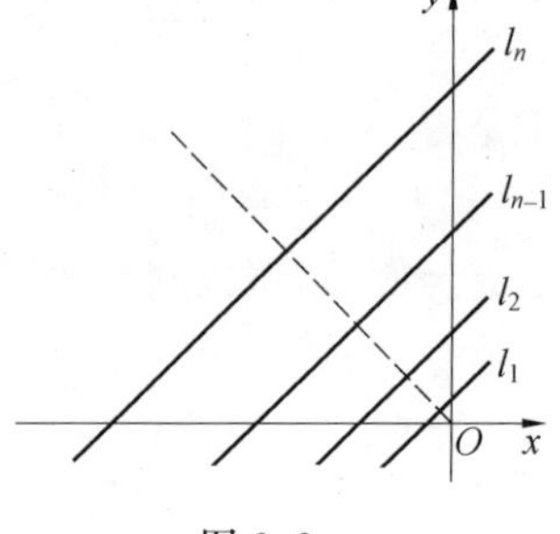

图 3.3

(2) 直线 l_n 与两条坐标轴围成的三角形的面积为

$$\frac{1}{2}\left(\frac{n(n+1)\sqrt{2}}{2}\right)^2=\frac{1}{4}n^2(n+1)^2$$

(3) 直线 l_n 与两条坐标轴围成的三角形的面积为 $\dfrac{1}{4}n^2(n+1)^2$,由此可推知直线 l_{n-1} 与两条坐标轴围成的三角形的面积为 $\dfrac{1}{4}(n-1)^2n^2$,所以这两条平行直线与两条坐标轴围成的梯形的面积为

$$\frac{1}{4}n^2(n+1)^2-\frac{1}{4}(n-1)^2n^2=n^3$$

3.2.4 直线的两点式方程

定理 3.5 通过两已知点(x_1,y_1)和(x_2,y_2)的直线的方程为

$$\frac{y-y_1}{y_2-y_1}=\frac{x-x_1}{x_2-x_1} \tag{3.3}$$

直线的这种形式的方程叫作直线的两点式方程,简称直线的两点式.

说明 (1) 用公式(3.3)时,限制$x_1\neq x_2$,$y_1\neq y_2$.但当$x_1=x_2$时,直线方程为$x=x_1$;当$y_1=y_2$时,直线方程为$y=y_1$.所以,如果式(3.3)的一个分母为0时,约定式(3.3)仅作为一个记号:当$x_1=x_2$时,它表示$x=x_1$;当$y_1=y_2$时,它表示$y=y_1$.在这个约定之下,可以去掉$x_1\neq x_2$,$y_1\neq y_2$的限制.

(2) 直线的两点式方程也可以表示为

$$\begin{vmatrix} x & y & 1 \\ x_1 & y_1 & 1 \\ x_2 & y_2 & 1 \end{vmatrix}=0 \tag{3.4}$$

例 3.5 延长四边形$OABC$的边OA,CB相交于点D,延长边AB,OC相交于点E(由四条直线OAD,OCE,CBD,ABE组成的这个图形叫作完全四线形).求证:线段OB,AC,DE(叫作完全四线形的对角线)的中点L,M,N共线(牛顿线).

证明 如图3.4建立直角坐标系.设A的坐标为$(a,0)$,D的坐标为$(b,0)(b>a)$,C的坐标为(c,d),E的坐标为$(mc,md)(m>1)$,则直线AE的方程为

$$\frac{y}{md}=\frac{x-a}{mc-a} \tag{3.5}$$

直线CD的方程为

$$\frac{y}{d}=\frac{x-b}{c-b} \tag{3.6}$$

由(3.5)和(3.6)得点B的坐标为

$$\left(\frac{mac-mab-mbc+ab}{a-mb},\frac{md(a-b)}{a-mb}\right)$$

所以点L的坐标为

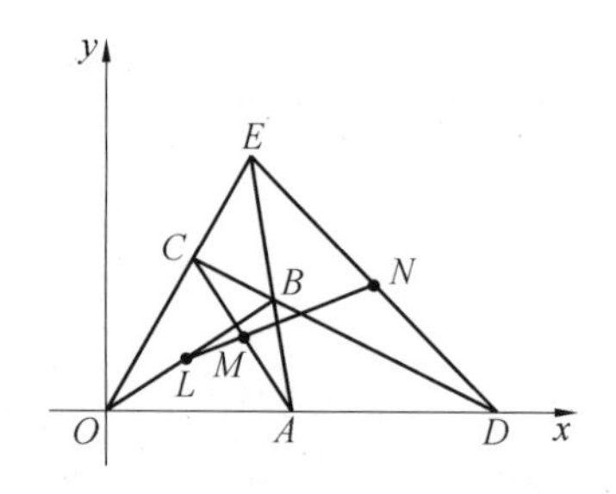

图 3.4

$$\left(\frac{mac-mab-mbc+ab}{2(a-mb)},\frac{md(a-b)}{2(a-mb)}\right)$$

又点 M 的坐标为$\left(\frac{a+c}{2},\frac{d}{2}\right)$,点 N 的坐标为$\left(\frac{b+mc}{2},\frac{md}{2}\right)$,三阶行列式

$$\begin{vmatrix} \frac{mac-mab-mbc+ab}{2(a-mb)} & \frac{md(a-b)}{2(a-mb)} & 1 \\ \frac{a+c}{2} & \frac{d}{2} & 1 \\ \frac{b+mc}{2} & \frac{md}{2} & 1 \end{vmatrix}=0$$

由定理 1.24 可知点 L,M,N 共线.

3.2.5 直线的截距式方程

定理 3.6 横截距为 $a(a\neq 0)$、纵截距为 $b(b\neq 0)$ 的直线的方程为

$$\frac{x}{a}+\frac{y}{b}=1$$

直线的这种形式的方程叫作直线的截距式方程,简称直线的截距式,也叫作直线的线段式方程.

说明 平行于一坐标轴的直线(有一截距不存在) 或通过原点的直线(截距都为 0) 无截距式方程.

既然直线的截距式方程有上述局限性,所以应用定理 3.6 求直线方程时,要考虑与一坐标轴平行的某直线或通过原点的某直线是否是问题的解,如果是的话,要补充进去.

例 3.6 一个 Rt$\triangle AOB$ 的直角边 $OA=a$, $OB=b$,它的内接矩形的一个顶点为 O,用解析法求这内接矩形面积的最大值.

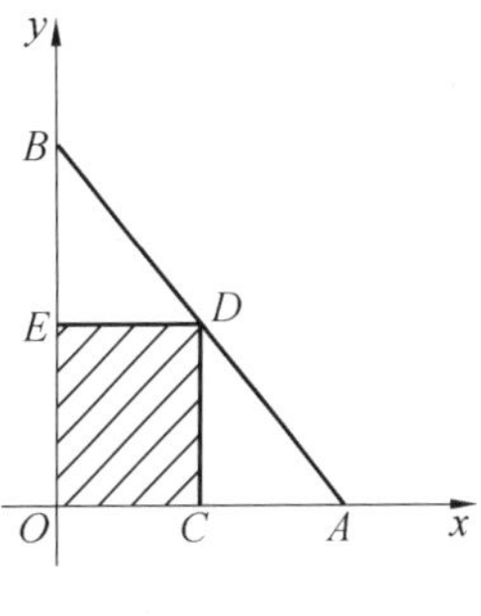

图 3.5

解　如图 3.5 建立直角坐标系，则直线 AB 的方程为

$$\frac{x}{a}+\frac{y}{b}=1$$

设内接矩形 $OCDE$ 位于斜边 AB 上的顶点 D 的坐标为 $(x_0,y_0)(0<x_0<a,0<y_0<b)$，由于 D 在 AB 上，所以有

$$\frac{x_0}{a}+\frac{y_0}{b}=1$$

由此得

$$y_0=\frac{b}{a}(a-x_0)$$

所以内接矩形的面积

$$S=x_0y_0=x_0\cdot\frac{b}{a}(a-x_0)=-\frac{b}{a}x_0^2+bx_0$$

从而当 $x_0=\frac{a}{2}$ 时 S 取得最大值$\frac{1}{4}ab$，即当 D 为 AB 的中点时 S 取得最大值.

3.2.6　直线的一般式方程

1. 直线的一般式方程

定理3.7　直角坐标系中任何直线的方程都是关于坐标 x 和 y 的一次方程

$$Ax+By+C=0$$

(A 和 B 至少有一个不为 0)；反过来，凡关于坐标 x 和 y 的一次方程都表示直角坐标系中的一条直线.

形如 $Ax+By+C=0$ 的直线的方程叫作直线的一般式方程，简称直线的一般式.

2. 确定直线的条件

在直线方程 $Ax+By+C=0$ 中，A 和 B 至少有一个不为 0，例如 $A\neq 0$，用 A 除方程 $Ax+By+C=0$ 的各项，得

$$x+\frac{B}{A}y+\frac{C}{A}=0$$

令 $B_1=\frac{B}{A}$，$C_1=\frac{C}{A}$，则上面这个方程就是

$$x+B_1y+C_1=0$$

在这个方程中，含有两个独立的系数 B_1 和 C_1，而要确定 B_1 和 C_1，需要而且只需要两个独立条件，所以两个独立条件确定一条直线. 例如两个不同的点确定一条直线.

3. 复直线

定义 3.3 在一次方程 $Ax+By+C=0$（A 和 B 至少有一个不为 0）中，若 A,B,C 为复数，则说它确定一条复直线. 若 A,B,C 与三个实数成比例，则直线为实直线；否则叫作虚直线.

这样，复直线包含实直线与虚直线. 例如 $3\mathrm{i}x-4\mathrm{i}y+\mathrm{i}=0$ 为实直线 $3x-4y+1=0$，而 $(3-2\mathrm{i})x-\mathrm{i}y+7=0$ 为虚直线. 应该注意的是实直线上总有虚点，例如，在实直线 $x-2y=0$ 上有虚点 $(2\mathrm{i},\mathrm{i})$ 等，而虚直线上有时有实点，例如，虚直线 $x+\mathrm{i}=0$ 上没有实点，而虚直线 $(3-2\mathrm{i})x+4\mathrm{i}y=0$ 上有实点 $(0,0)$. 实直线能在坐标平面上画出，虚直线则不能. 在实解析几何中，只讨论实直线；虚直线则属于复解析几何.

例 3.7 一条直线通过点 $(3,-2)$，并且它的倾斜角为直线 $x-2y+6=0$ 的倾斜角的 2 倍，求这直线的方程.

解 设已知直线 $x-2y+6=0$ 的倾斜角为 α，则 $\tan\alpha=\frac{1}{2}$. 所求直线的倾斜角为 2α，所以它的斜率

$$\tan 2\alpha=\frac{2\tan\alpha}{1-\tan^2\alpha}=\frac{2\times\frac{1}{2}}{1-\left(\frac{1}{2}\right)^2}=\frac{4}{3}$$

因此所求直线的方程为

$$y-(-2)=\frac{4}{3}(x-3)$$

即

$$4x-3y-18=0$$

例 3.8 (1) 已知一条直线 $Ax+By+C=0$ 和线外两点 $P_1(x_1,y_1)$，$P_2(x_2,y_2)$，求证：这条直线分有向线段$\overline{P_1P_2}$ 的比为

$$-\frac{Ax_1+By_1+C}{Ax_2+By_2+C}$$

(2) 一条直线 l 与 $\triangle ABC$ 的边 BC,CA,AB 或其延长线各相交于点 L,M，N，则

$$\frac{BL}{LC}\cdot\frac{CM}{MA}\cdot\frac{AN}{NB}=-1$$

(梅内劳斯(Menelaus)① 定理)；

(3) 已知 $\triangle ABC$ 及一点 O，设直线 AO,BO,CO 各与边 BC,CA,AB 或其延长线相交于点 L,M,N，则

$$\frac{BL}{LC}\cdot\frac{CM}{MA}\cdot\frac{AN}{NB}=1$$

(塞瓦(Giovanni Ceva)② 定理).

证明 (1) 设直线 $Ax+By+C=0$ 分有向线段$\overline{P_1P_2}$ 的比为 λ，则分点的坐标为

$$\left(\frac{x_1+\lambda x_2}{1+\lambda},\frac{y_1+\lambda y_2}{1+\lambda}\right)$$

由于这个分点在已知直线 $Ax+By+C=0$ 上，所以有

$$A\cdot\frac{x_1+\lambda x_2}{1+\lambda}+B\cdot\frac{y_1+\lambda y_2}{1+\lambda}+C=0$$

解出 λ，得

$$\lambda=-\frac{Ax_1+By_1+C}{Ax_2+By_2+C}$$

(2) 如图 3.6 建立直角坐标系，并设顶点 A,B,C 的坐标依次为$(0,a)$，$(b,0)$，$(c,0)$. 设直线 l 的方程为 $Dx+Ey+F=0$，由(1) 的结论可得

$$\frac{BL}{LC}=-\frac{D\cdot b+E\cdot 0+F}{D\cdot c+E\cdot 0+F}=-\frac{D\cdot b+F}{D\cdot c+F}$$

$$\frac{CM}{MA}=-\frac{D\cdot c+E\cdot 0+F}{D\cdot 0+E\cdot a+F}=-\frac{D\cdot c+F}{E\cdot a+F}$$

$$\frac{AN}{NB}=-\frac{D\cdot 0+E\cdot a+F}{D\cdot b+E\cdot 0+F}=-\frac{E\cdot a+F}{D\cdot b+F}$$

① 梅内劳斯(约 1 世纪)，古希腊数学家、天文学家.

② 塞瓦(1648—1734)，意大利几何学家.

所以

$$\frac{BL}{LC}\cdot\frac{CM}{MA}\cdot\frac{AN}{NB}=\left(-\frac{D\cdot b+F}{D\cdot c+F}\right)\left(-\frac{D\cdot c+F}{E\cdot a+F}\right)\cdot\left(-\frac{E\cdot a+F}{D\cdot b+F}\right)=-1$$

(3) 如图 3.7,以 O 为原点建立直角坐标系.设顶点 A,B,C 的坐标依次为 $(x_1,y_1),(x_2,y_2),(x_3,y_3)$,则直线 AL,BM,CN 的方程依次是

$$y_1x-x_1y=0$$

$$y_2x-x_2y=0$$

$$y_3x-x_3y=0$$

由(1) 的结论可知:点 L 分边 BC 的比、点 M 分边 CA 的比、点 N 分边 AB 的比依次为

$$\frac{BL}{LC}=-\frac{y_1x_2-x_1y_2}{y_1x_3-x_1y_3}$$

$$\frac{CM}{MA}=-\frac{y_2x_3-x_2y_3}{y_2x_1-x_2y_1}$$

$$\frac{AN}{NB}=-\frac{y_3x_1-x_3y_1}{y_3x_2-x_3y_2}$$

所以

$$\frac{BL}{LC}\cdot\frac{CM}{MA}\cdot\frac{AN}{NB}=\left(-\frac{y_1x_2-x_1y_2}{y_1x_3-x_1y_3}\right)\left(-\frac{y_2x_3-x_2y_3}{y_2x_1-x_2y_1}\right)\cdot\left(-\frac{y_3x_1-x_3y_1}{y_3x_2-x_3y_2}\right)=1$$

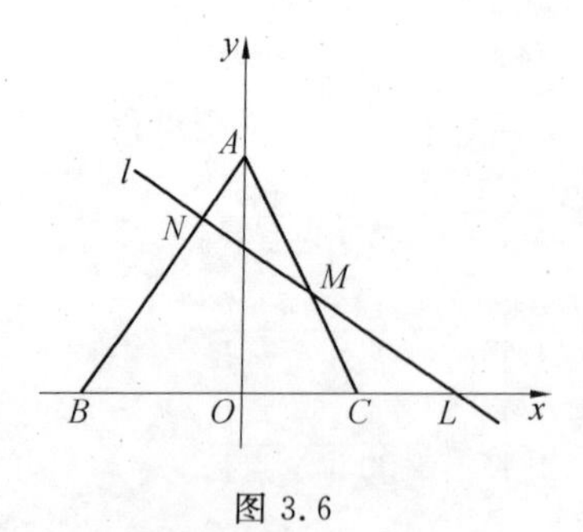

图 3.6

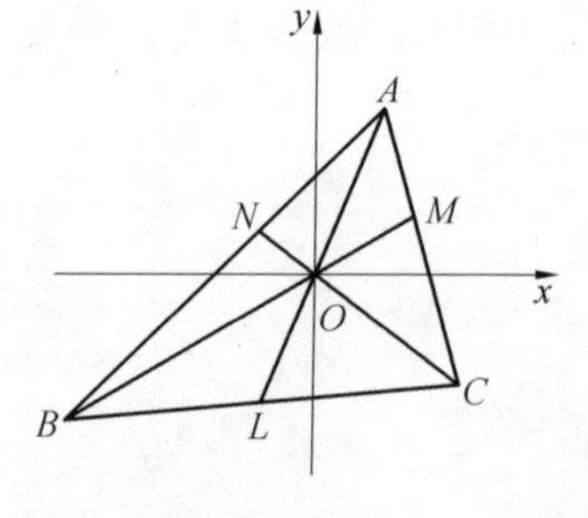

图 3.7

例 3.9 描绘曲线 $y=\sqrt{(x+2)^2}+\sqrt{(x-1)^2}$.

解 先考虑$\sqrt{(x+2)^2}$,有

$$\sqrt{(x+2)^2}=|x+2|=\begin{cases}-(x+2) & (x<-2)\\ x+2 & (x\geqslant -2)\end{cases}$$

再考虑$\sqrt{(x-1)^2}$，有

$$\sqrt{(x-1)^2}=|x-1|=\begin{cases}-(x-1) & (x\leqslant 1)\\ x-1 & (x>1)\end{cases}$$

由以上的讨论可知

$$y=\sqrt{(x+2)^2}+\sqrt{(x-1)^2}=|x+2|+|x-1|$$
$$=\begin{cases}-(x+2)-(x-1)=-2x-1 & (x<-2)\\ (x+2)-(x-1)=3 & (-2\leqslant x\leqslant 1)\\ (x+2)+(x-1)=2x+1 & (x>1)\end{cases}$$

当$x=-2$时，得曲线上的点$A(-2,3)$，当$x=1$时，得曲线上的点$B(1,3)$. 如图3.8，曲线由三部分组成：一部分是以$A(-2,3)$为端点向左上方伸展的一条射线AM，它所在的直线的方程为$y=-2x-1$；一部分是以$A(-2,3)$与$B(1,3)$为端点的闭线段；一部分是以$B(1,3)$为端点向右上方伸展的一条射线BN，它所在的直线的方程为$y=2x+1$.

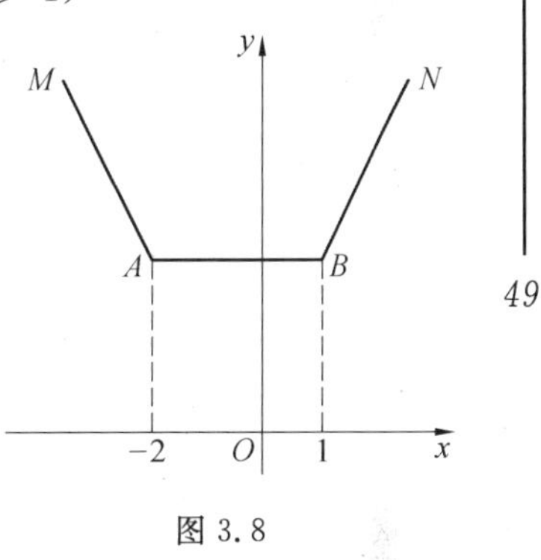

图3.8

3.2.7 直线的法线式方程

1. 直线的法线和法线的辐角

定义3.4 设l是直角坐标平面上的任意一条直线，若l不通过原点O，通过O作直线l的垂线n，设垂足为点N，规定从O到N的方向作为n的正方向，有向直线n叫作直线l的法线；若l通过原点O，通过O作l的垂线n，并把n的两个可能方向中的任意一个作为n的正方向，有向直线n叫作l的法线(图3.9).

定义3.5 在直角坐标平面上，x轴与某直线的法线n的夹角叫作法线n的辐角(法线角、方向角).

从这定义知道，对于一条确定的直线来说，它的法线的辐角θ的值不是唯

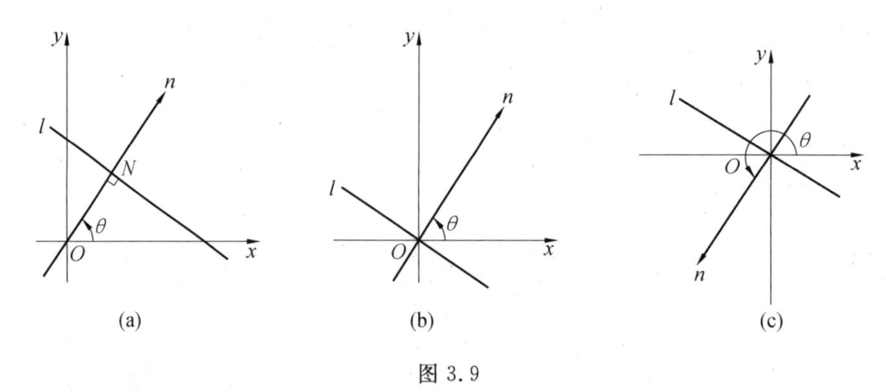

图 3.9

一确定的.为讨论问题方便,我们限制 $0 \leqslant \theta < 2\pi$.

定义 3.6 原点 O 到直线 l 的距离 $p(p \geqslant 0)$ 叫作 l 的法线的长.

2.直线的法线式方程

定理 3.8 法线的辐角为 θ、法线的长为 p 的直线的方程为

$$x\cos\theta + y\sin\theta - p = 0$$

直线的这种形式的方程叫作直线的赫塞(Luduing otto Hesse)[①]法线式方程,简称法线式(法化方程、标准方程).方程中的 θ 和 p 叫作直线的法线参数.

证明 如图3.10,在直线 l 上任取一点 $M(x,y)$,通过 M 作 x 轴的垂线,垂足为 P.我们来考虑有向折线 $\overline{OPMN}$ 在法线 n 上的射影.由于

$$射影_n\ \overline{OPMN} = 射影_n\ \overline{ON} = p$$

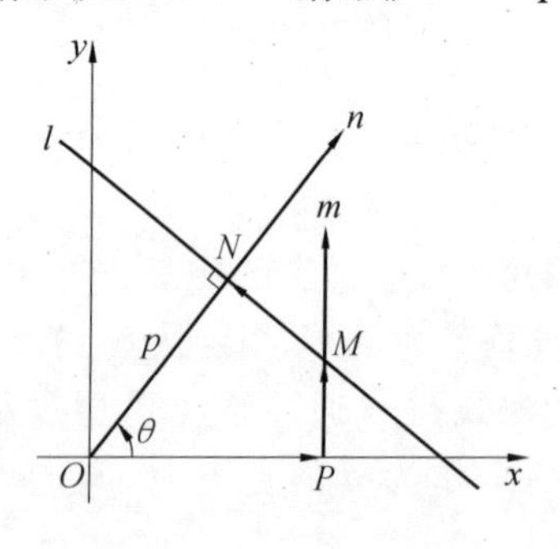

图 3.10

① 赫塞(1811—1874),德国数学家.

又由于有向折线在一轴上的射影等于它的各边在这轴上的射影的和，即

$$射影_n \overline{OPMN} = 射影_n \overline{OP} + 射影_n \overline{PM} + 射影_n \overline{MN}$$

而轴上的有向线段在射影轴上的射影等于它的数值乘以射影轴与有向线段所在轴的夹角的余弦，从而

$$射影_n \overline{OP} = OP\cos(-\theta) = x\cos\theta$$

不妨认为$\overline{PM}$在与它同向的轴 m 上，而$(\widehat{n,m}) = (\widehat{n,x}) + (\widehat{x,m}) = (-\theta) + \frac{\pi}{2}$，从而

$$射影_n \overline{PM} = PM\cos\left[(-\theta) + \frac{\pi}{2}\right] = y\sin\theta$$

$$射影_n \overline{MN} = 0$$

所以有

$$p = x\cos\theta + y\sin\theta + 0$$

即

$$x\cos\theta + y\sin\theta - p = 0$$

反之，不在 l 上的点的坐标显然不满足以上方程.

因此以上方程是直线 l 的方程.

3. 直线的法线式方程的特点

直线的法线式方程 $x\cos\theta + y\sin\theta - p = 0$ 有两个特点：

(1) x 项与 y 项的系数的平方和为 1；

(2) 常数项 $-p \leqslant 0$.

反之，如果把直线方程的各项都移到等号的左端，而方程的系数、常数项满足上面的(1) 和(2) 两个条件，那么，这个方程一定是直线的法线式方程.

事实上，设直线的这个方程为

$$Ax + By + C = 0$$

由于 $A^2 + B^2 = 1$，所以在 0 至 2π 之间存在唯一角度 θ，使 $\cos\theta = A$，$\sin\theta = B$. 又由于 $C \leqslant 0$，因此有一个 $p \geqslant 0$，使 $-p = C$. 这样 $Ax + By + C = 0$ 具有以下形式，即

$$x\cos\theta + y\sin\theta - p = 0$$

这即是说，$Ax + By + C = 0$ 是法线的辐角为 θ、法线的长为 p 的直线.

4. 把直线的一般式方程化为法线式方程

把直线的一般式方程化为法线式方程是一项重要工作，它为解决求直线到点的有向距离做准备.

设直线的一般式方程为

$$Ax+By+C=0 \tag{3.7}$$

这条直线也有它的法线式方程，设它的法线式方程为

$$x\cos\theta+y\sin\theta-p=0 \tag{3.8}$$

由于式(3.7)和式(3.8)表示同一条直线，因此，用某一不等于0的常数ν乘式(3.7)的各项就得到式(3.8)，所以只要确定了ν，那么，把直线的一般式方程化为法线式方程的问题就解决了.

用ν乘式(3.7)的各项，得

$$\nu Ax+\nu By+\nu C=0$$

由于它和式(3.8)相同，所以有

$$\nu A=\cos\theta \tag{3.9}$$

$$\nu B=\sin\theta \tag{3.10}$$

$$\nu C=-p \tag{3.11}$$

把式(3.9)和式(3.10)左右两边各平方然后相加，得

$$\nu^2A^2+\nu^2B^2=\cos^2\theta+\sin^2\theta=1$$

所以

$$\nu=\frac{1}{\pm\sqrt{A^2+B^2}}$$

于是ν的绝对值就确定下来了.

现在考虑ν的符号问题.

(1) 当$C\neq 0$时，直线(3.7)不通过原点，从而$p>0$，所以$-p<0$，由式(3.11)可知，取ν与C异号.

(2) 当$C=0$，但$B\neq 0$时(不论A是否为0)，直线(3.7)通过原点，但不重合于y轴，这时ν的符号可以任意选取.

事实上，若取ν与B同号，由式(3.10)可知$\sin\theta>0$，所以$0<\theta<\pi$，从而法线的正向是向上的(当$A\neq 0$时，直线通过原点，但不重合于任一坐标轴，这时$0<\theta<\frac{\pi}{2}$或$\frac{\pi}{2}<\theta<\pi$，所以法线的正向是向斜上方的；当$A=0$时，直线

重合于 x 轴，$\theta=\frac{\pi}{2}$，所以法线的正向是向正上方的(图 3.11))．

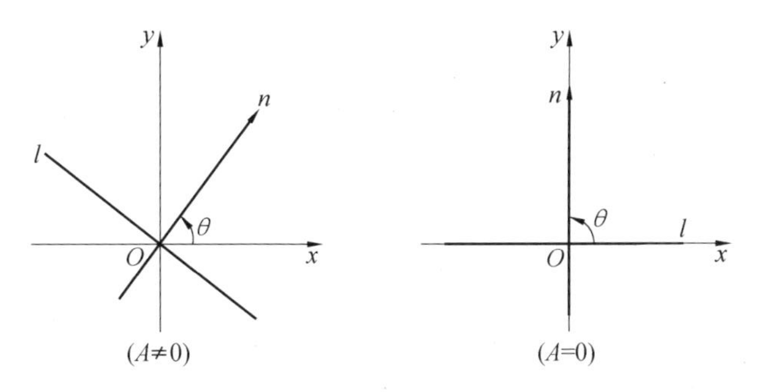

图 3.11

若取 ν 与 B 异号，由式(3.10)可知 $\sin\theta<0$，所以 $\pi<\theta<2\pi$，从而法线的正向是向下的(当 $A\neq 0$ 时，直线通过原点，但不重合于任一坐标轴，这时 $\pi<\theta<\frac{3\pi}{2}$ 或 $\frac{3\pi}{2}<\theta<2\pi$，所以法线的正向是向斜下方的；当 $A=0$ 时，直线重合于 x 轴，$\theta=\frac{3\pi}{2}$，所以法线的正向是向正下方的(图 3.12))．

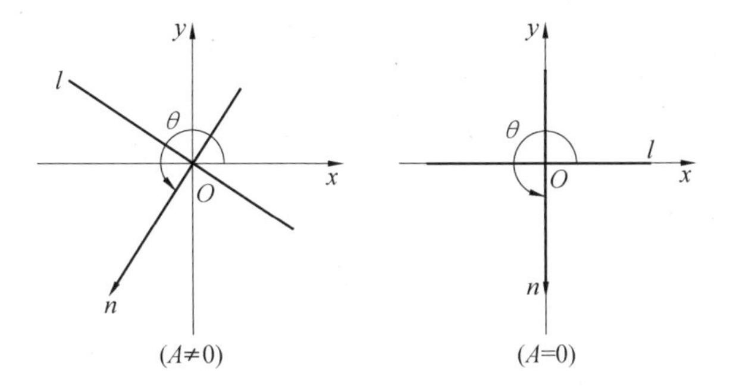

图 3.12

(3) 当 $C=0$，并且 $B=0$ 时，这时直线(3.7)重合于 y 轴，这时 ν 的符号可以任意选取．事实上，若取 ν 和 A 同号，则由式(3.9)可知 $\cos\theta>0$，所以 $\theta=0$，从而法线的正向是向右的．若取 ν 和 A 异号，则由式(3.9)可知 $\cos\theta<0$，所以 $\theta=\pi$，从而法线的正向是向左的(图 3.13)．

总体来说，把直线的一般式方程 $Ax+By+C=0$ 化为法线式方程的步骤如下：

第一步：求出 $\nu=\pm\frac{1}{\sqrt{A^2+B^2}}$．

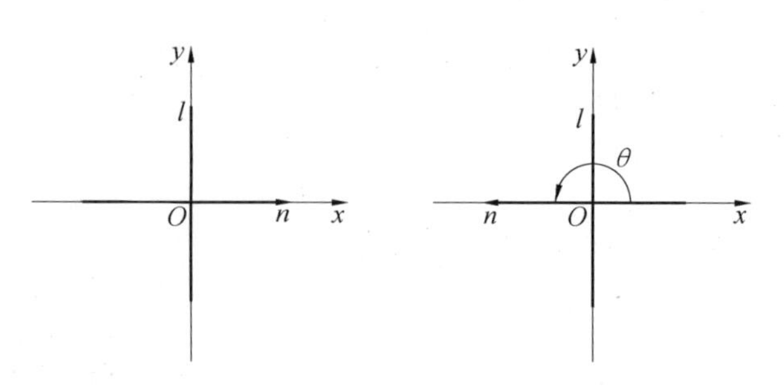

图 3.13

第二步:确定ν的符号:

(1) 当$C\neq 0$时(不论A,B如何),必须取ν与C异号.这时法线的正向可以是任何方向.

(2) 当$C=0$,但$B\neq 0$时(不论A是否为0),取ν与B同号或异号.若取ν与B同号,则法线的正向是向上的;若取ν与B异号,则法线的正向是向下的.通常取ν与B同号.

(3) 当$C=0$,并且$B=0$时,取ν与A同号或异号.若取ν与A同号,则法线的正向是向右的;若取ν与A异号,则法线的正向是向左的.通常取ν与A同号.

第三步:用上面所得的ν的值乘直线方程$Ax+By+C=0$的各项,便得直线的法线式方程.

实数$\nu=\dfrac{1}{\pm\sqrt{A^2+B^2}}$叫作直线方程$Ax+By+C=0$的法线式因子(法式因子、标准化因子).

例 3.10 求通过点$M(7,14)$并且和原点的距离为7的直线的方程.

解 这条直线和原点的距离为7,设它的法线的辐角为θ,则它的方程为

$$x\cos\theta+y\sin\theta-7=0 \tag{3.12}$$

由于它通过点$M(7,14)$,所以下面的等式成立

$$7\cos\theta+14\sin\theta-7=0 \tag{3.13}$$

解式(3.13)得

$$\sin\theta=0$$

或

$$\sin\theta=\frac{4}{5}$$

把$\sin\theta=0$代入(3.13),得$\cos\theta=1$;把$\sin\theta=\dfrac{4}{5}$代入式(3.13)得$\cos\theta=-\dfrac{3}{5}$.

于是,所求直线方程为

$$x-7=0$$

和

$$-\frac{3}{5}x+\frac{4}{5}y-7=0$$

即

$$3x-4y+35=0$$

例 3.11 把直线的一般式方程(1)$x+y+1=0$,(2)$x+\sqrt{2}y=0$化为法线式方程,并且求出法线的辐角以及法线的长.

解 (1) 由于已知直线方程的常数项$C=1>0$,因此法线式因子ν的值为负

$$\nu=\frac{1}{-\sqrt{1^2+1^2}}=\frac{1}{-\sqrt{2}}=-\frac{\sqrt{2}}{2}$$

所以直线的法线式方程为

$$-\frac{\sqrt{2}}{2}x+\left(-\frac{\sqrt{2}}{2}\right)y-\frac{\sqrt{2}}{2}=0$$

设法线的辐角为θ,则$\cos\theta=-\frac{\sqrt{2}}{2}<0$,$\sin\theta=-\frac{\sqrt{2}}{2}<0$,所以$\pi<\theta<\frac{3\pi}{2}$,显然$\theta=\frac{5\pi}{4}$,法线的长为$\frac{\sqrt{2}}{2}$.

(2) 由于已知直线方程的常数项$C=0$,y项的系数$B=\sqrt{2}\neq 0$,所以法线式因子ν可以取与B同号,也可以取与B异号,因此法线式因子

$$\nu=\frac{1}{\pm\sqrt{1^2+(\sqrt{2})^2}}=\pm\frac{\sqrt{3}}{3}$$

(1) 若取ν与B同号,则$\nu=\frac{\sqrt{3}}{3}$,所以直线的法线式方程为

$$\frac{\sqrt{3}}{3}x+\frac{\sqrt{6}}{3}y=0$$

设法线的辐角为θ,则$\cos\theta=\frac{\sqrt{3}}{3}>0$,$\sin\theta=\frac{\sqrt{6}}{3}>0$,所以$0<\theta<\frac{\pi}{2}$,故

$$\theta=\arcsin\frac{\sqrt{6}}{3}\approx 54°44'$$

(2) 若取 ν 与 B 异号,则 $\nu=-\frac{\sqrt{3}}{3}$,所以直线的法线式方程为

$$-\frac{\sqrt{3}}{3}x+\left(-\frac{\sqrt{6}}{3}\right)y=0$$

设法线的辐角为 θ,则 $\cos\theta=-\frac{\sqrt{3}}{3}<0$,$\sin\theta=-\frac{\sqrt{6}}{3}<0$,所以 $\pi<\theta<\frac{3\pi}{2}$,有

$$\theta=\pi+\arcsin\frac{\sqrt{6}}{3}\approx 234°44'$$

法线长为0.通常用第一个解法.

3.3 直线到点的有向距离

定义 3.7 从已知点 P 引已知直线 l 的垂线段,若从垂足到已知点的方向与已知直线的法线 n 的正向相同(图 3.14(a)),则这垂线段的长度叫作已知直线到已知点的有向距离;若从垂足到已知点的方向与已知直线的法线的正向相反(图 3.14(b)),则这垂线段的长度的相反数叫作已知直线到已知点的有向距离;若已知点在已知直线上,直线到点的有向距离规定为0.

直线到点的有向距离也叫作点到直线的离差.直线到点的有向距离用符号 δ 表示.

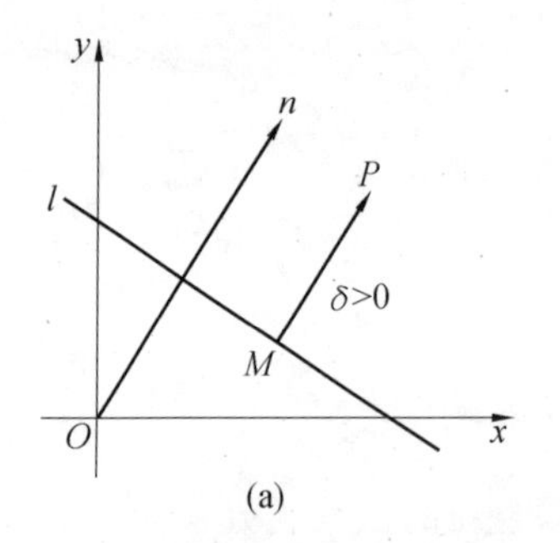

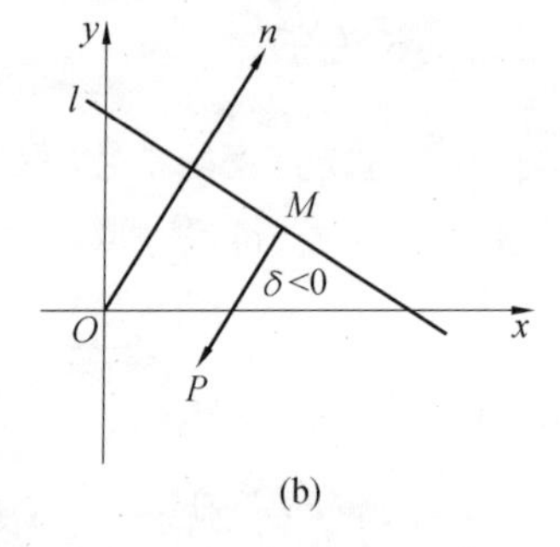

图 3.14

定理 3.9 若直线 l 的法线式方程为

$$x\cos\theta+y\sin\theta-p=0$$

点 P 的坐标为 (x_0,y_0),则 l 到 P 的有向距离

$$\delta=x_0\cos\theta+y_0\sin\theta-p$$

证明 如图 3.15,从已知点 P 作已知直线 l 的垂线,垂足为 M.从 P 作法

线 n 的垂线，垂足为 Q，联结线段 OP，设 $|OP|=r$，x 轴与 $\overline{OP}$ 的夹角为 φ，则由三角函数的定义可知

$$x_0 = r\cos\varphi$$
$$y_0 = r\sin\varphi \tag{3.14}$$

又由有向角的加法法则可知 $\measuredangle POQ=\theta-\varphi$，所以

$$\begin{aligned}\delta &= MP = NQ = OQ - ON \quad \text{（沙尔定理）}\\ &= r\cos\measuredangle POQ - p\\ &= r\cos(\theta-\varphi)-p\\ &= r\cos\theta\cos\varphi + r\sin\theta\sin\varphi - p \end{aligned}\tag{3.15}$$

把式(3.14)代入式(3.15)便得

$$\delta = x_0\cos\theta + y_0\sin\theta - p$$

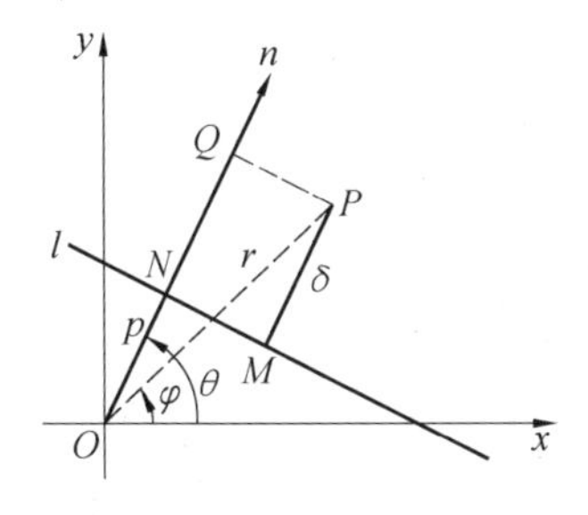

图 3.15

推论 1　已知直线 $Ax+By+C=0$ 到已知点 $P(x_0,y_0)$ 的有向距离

$$\delta = \frac{Ax_0+By_0+C}{\pm\sqrt{A^2+B^2}}$$

这里分母符号的取法见第 53 页.

推论 2　点 $P(x_0,y_0)$ 到直线 $Ax+By+C=0$ 的距离

$$d = \frac{|Ax_0+By_0+C|}{\sqrt{A^2+B^2}}$$

例 3.12　求已知直线 l 到已知点 P 的有向距离 δ 和距离 d，并说明原点 O，P 与直线 l 的相关位置：

(1) $l:4x-3y+15=0$，$P(2,1)$；

(2) $l:3x-4y=0$，$P(5,0)$.

解　(1) 依题意有

$$\delta = \frac{4\times2-3\times1+15}{-\sqrt{4^2+(-3)^2}} = -4$$

$$d=4$$

由于 $\delta<0$,而 l 不通过原点,所以原点 O 与已知点 P 位于 l 的同侧.

(2) 直线方程的法线式因子为 $\pm\frac{1}{5}$. 取 $-\frac{1}{5}$ 作为法线式因子,即法线式因子与 y 项系数同号,则法线指向直线的斜上方,有

$$\delta=\frac{3\times5-4\times0}{-5}=-3$$

$$d=3$$

由于 $\delta<0$,而 l 通过原点,所以 P 在法线的反向所指的半平面内,即 P 在 l 的斜下方.(若取 $\frac{1}{5}$ 作为法线式因子,即法线式因子与 y 项系数异号,则法线指向直线的斜下方,有

$$\delta=\frac{3\times5-4\times0}{5}=3$$

由于 $\delta>0$,而 l 通过原点,所以 P 在法线所指的半平面内,即 P 在 l 的斜下方)

例 3.13 求两相交直线 l_1:$12x-5y=0$ 和 l_2:$3x+4y-12=0$ 的夹角的平分线的方程.

解 如图 3.16,作出两已知直线 l_1 和 l_2,再作出它们的夹角的平分线 t_1 和 t_2.

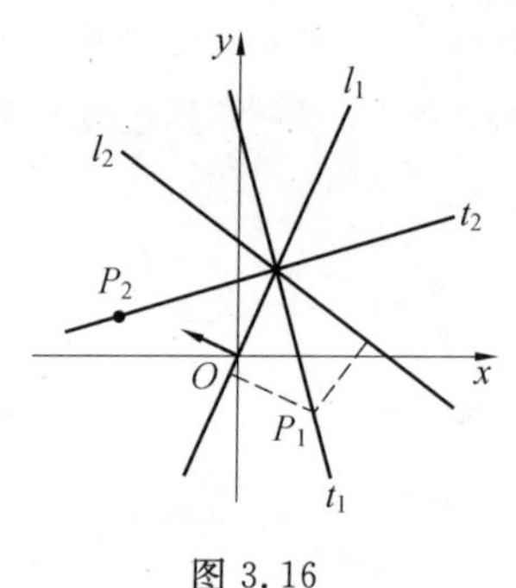

图 3.16

l_1 的法线式方程可取

$$\frac{12x-5y}{-\sqrt{12^2+(-5)^2}}=0$$

即

$$\frac{12x-5y}{-13}=0$$

这里法线式因子的符号与 y 项系数 -5 的符号相同,因此 l_1 的法线正向是向斜

上方的.

l_2 的法线式方程为

$$\frac{3x+4y-12}{5}=0$$

在 t_1 上任取一点 $P_1(x,y)$,则 l_1 与 l_2 到 P_1 的有向距离的绝对值相同,而且符号也相同,所以 t_1 的方程为

$$\frac{12x-5y}{-13}=\frac{3x+4y-12}{5}$$

即

$$33x+9y-52=0$$

在 t_2 上任取一点 $P_2(x,y)$,则 l_1 与 l_2 到 P_2 的有向距离的绝对值相同,而符合相反,所以 t_2 的方程为

$$\frac{12x-5y}{-13}=-\frac{3x+4y-12}{5}$$

即

$$21x-77y+156=0$$

说明 如果只要求求两相交直线的夹角的平分线的方程,而不要求区别每条角平分线的方程是什么,可用以下的方法来解:

设 $P(x,y)$ 是两相交直线的夹角的平分线上的任意一点,则这点和两相交直线等距离,所以有

$$\frac{|12x-5y|}{\sqrt{12^2+(-5)^2}}=\frac{|3x+4y-12|}{\sqrt{3^2+4^2}}$$

即

$$5(12-5y)=\pm 13(3x+4y-12)$$

所以两条角平分线的方程分别为

$$33x+9y-52=0$$

和

$$21x-77y+156=0$$

要想分别求出 t_1 和 t_2 的方程,也可先照上面说的方法求出两个方程,然后结合图形区分出 t_1 和 t_2 的方程各是什么.

例 3.14 (1) 求证:已知两点 $P(x_1,y_1)$ 和 $Q(x_2,y_2)$ 及直线 $l:Ax+By+C=0$. 若 $\frac{Ax_1+By_1+C}{Ax_2+By_2+C}>0$,则 P,Q 在 l 同侧;若 $\frac{Ax_1+By_1+C}{Ax_2+By_2+C}<0$,则 P,Q 在 l 异侧.

(2) 已知$\triangle ABC$的边BC,CA,AB所在直线的方程分别为$3x+2y+7=0$,$x-5y+8=0$,$4x-3y-2=0$,判定原点是否在这三角形的内部.

证明 (1)l到点P,Q的有向距离分别为

$$\delta_1=\frac{Ax_1+By_1+C}{\pm\sqrt{A^2+B^2}}$$

$$\delta_2=\frac{Ax_2+By_2+C}{\pm\sqrt{A^2+B^2}}$$

(等号右端的两个分母符号相同)当δ_1和δ_2同号时,说明P,Q在l同侧;当δ_1和δ_2异号时,说明P,Q在l异侧,从而当

$$\frac{Ax_1+By_1+C}{Ax_2+By_2+C}>0$$

时,P,Q在l同侧,当

$$\frac{Ax_1+By_1+C}{Ax_2+By_2+C}<0$$

时,P,Q在l异侧.

(2) 通过解方程组可知顶点A,B,C的坐标依次为$(2,2)$,$(-1,-2)$,$(-3,1)$,原点O的坐标为$(0,0)$,由于

$$\frac{3\times 2+2\times 2+7}{3\times 0+2\times 0+7}=\frac{17}{7}>0$$

所以O与A位于BC同侧.由于

$$\frac{-1-5\times(-2)+8}{1\times 0-5\times 0+8}=\frac{17}{8}>0$$

所以O与B位于CA同侧.由于

$$\frac{4\times(-3)-3\times 1-2}{4\times 0-3\times 0-2}=\frac{17}{2}>0$$

所以O与C位于AB同侧.

从而原点O位于$\triangle ABC$的内部.

例 3.15 用解析法证明:等腰三角形底边上任意一点到两腰距离的和等于一腰上的高.

证明 如图 3.17 建立直角坐标系(令原点O重合于底上的任意点P).从原点O向AC,AB上各引垂线段OM,ON.设$|OM|=p$,$|ON|=q$,OM的倾斜角为θ,则$\angle NOB=\theta$.于是直线AC的法线式方程为

$$x\cos\theta+y\sin\theta-p=0$$

又

$$|OB|=\frac{|ON|}{\cos\theta}$$

从而

$$-|OB|=\frac{-q}{\cos\theta}$$

于是 B 的坐标为 $\left(\frac{-q}{\cos\theta},0\right)$，所以腰 AC 上的高

$$|BH|=\left|-\frac{q}{\cos\theta}\cdot\cos\theta+0\cdot\sin\theta-p\right|=p+q$$

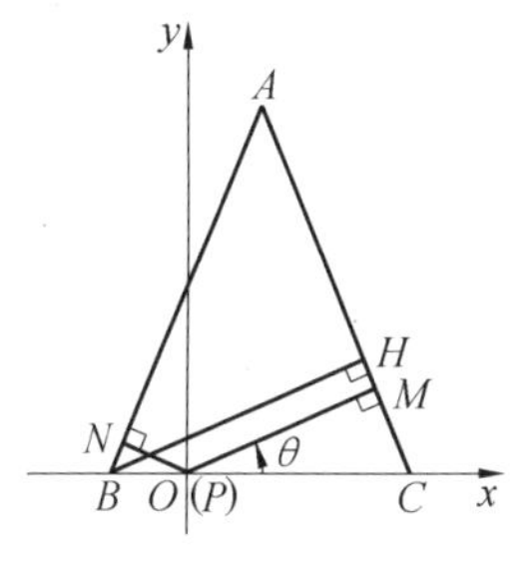

图 3.17

3.4 二元一次不等式表示的平面区域

定理 3.10 设直线 l 的一般式方程为

$$Ax+By+C=0$$

则在直线 l 所分成的两个半平面之一上的点的坐标满足不等式

$$Ax+By+C>0$$

而另一半平面的点的坐标满足不等式

$$Ax+By+C<0$$

这个定理也可叙述为：设直线 l 的一般式方程为

$$Ax+By+C=0$$

那么，凡直线 l 同侧的点的坐标代入 $Ax+By+C$ 所得的值的符号相同；凡直线 l 异侧的点的坐标代入 $Ax+By+C$ 所得的值的符号相反.

请读者利用例 3.8 中的(1) 或例 3.14 拟出本定理的证明.

平面被直线 l：$Ax+By+C=0$ 分成的两个半平面中，究竟哪个半平面的点的坐标使 $Ax+By+C>0$，哪个半平面的点的坐标使 $Ax+By+C<0$，这可用试点法来判定，即用不在 l 上的任意一点的坐标代入 $Ax+By+C$，所得的值的符号便是这点所在的半平面的点的坐标使 $Ax+By+C$ 应取的符号. 当直线 l 不通过原点，即 $C\neq0$ 时，用原点的坐标代入 $Ax+By+C$ 的值为 C，所以，若 $C>0$，则原点所在的半平面的点的坐标使 $Ax+By+C>0$；若 $C<0$，则原点所在的半平面的点的坐标使 $Ax+By+C<0$.

定理 3.10 表明，平面被 l 分成的两个半平面的点分别由不等式 $Ax+By+C>0$ 和 $Ax+By+C<0$ 决定，因此这两个不等式分别是这两个半平面的解析表示.

例 3.16 求以点 $A(1,2)$，$B(2,-1)$，$C(-1,1)$ 为顶点的 $\triangle ABC$ 内部的解

析表示.

解　从图3.18看到,$\triangle ABC$内部的点具有这样的特性:它们与A位于直线BC的同侧,与B位于直线CA的同侧,与C位于直线AB的同侧.我们先求出直线BC,CA,AB的方程,即

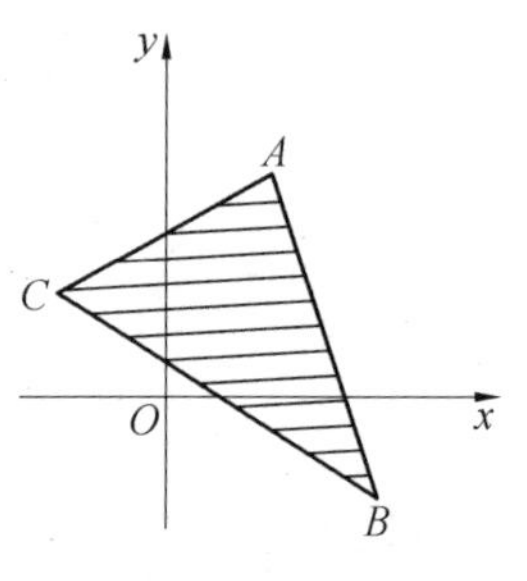

图3.18

$$BC:2x+3y-1=0$$
$$CA:x-2y+3=0$$
$$AB:3x+y-5=0$$

然后分别求对于这些直线而言,点A,B,C所在的半平面的解析表示.因为用A,B,C的坐标分别代入直线BC,CA,AB的方程左端,我们得到

$$2\times 1+3\times 2-1=7>0$$
$$2-2\times(-1)+3=7>0$$
$$3\times(-1)+1-5=-7<0$$

所以所求的三个半平面的解析表示分别为

$$2x+3y-1>0$$
$$x-2y+3>0$$
$$3x+y-5<0$$

它们联立起来得到不等式组

$$\begin{cases}2x+3y-1>0\\x-2y+3>0\\3x+y-5<0\end{cases}$$

就是$\triangle ABC$内部的解析表示.这是因为坐标满足这个不等式组的点是而且只能是$\triangle ABC$内部的点.

注　假如要求$\triangle ABC$内部的点再带上边的解析表示,则只要让不等式组中的不等式都带上等号即可.

例3.17　求不等式组

$$\begin{cases}2x-y-3>0\\2x+3y-6<0\\3x-5y-15<0\end{cases}$$

的整数解.

解　如图3.19,在平面上作出直线$l_1:2x-y-3=0$,$l_2:2x+3y-6=0$,$l_3:3x-5y-15=0$.在l_1的方程中,常数项$-3<0$,所以$2x-y-3>0$所表

示的半平面是没有原点 O 的半平面. 在 l_2 的方程中，常数项 $-6<0$，所以 $2x+3y-6<0$ 所表示的半平面是原点 O 所在的半平面. 在 l_3 的方程中，常数项 $-15<0$，所以 $3x-5y-15<0$ 所表示的半平面是原点 O 所在的半平面，所以不等式组的解是 l_1,l_2,l_3 围成的三角形内部的点的坐标. 不等式组的整数解就是这个三角形内部的整点的坐标. 从图中看到，这类点有四个，它们的坐标为

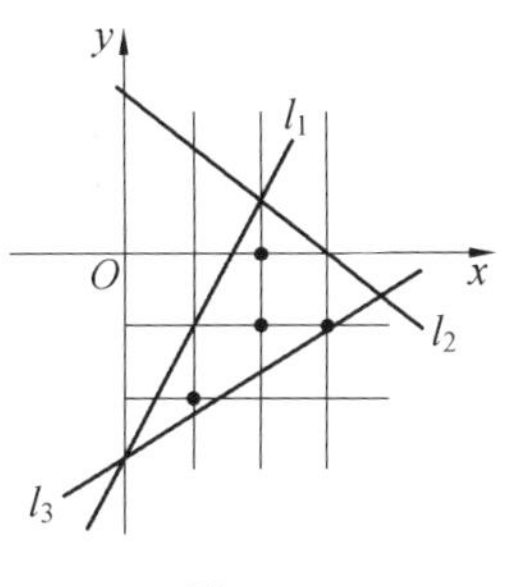

图 3.19

$$\begin{cases}x_1=1\\y_1=-2\end{cases}\quad\begin{cases}x_2=2\\y_2=0\end{cases}\quad\begin{cases}x_3=2\\y_3=-1\end{cases}\quad\begin{cases}x_4=3\\y_4=-1\end{cases}$$

这些就是不等式组的全体整数解.

3.5　两条直线的相关位置

3.5.1　两条直线的相关位置

定理 3.11　已知两直线 $A_1x+B_1y+C_1=0$ 和 $A_2x+B_2y+C_2=0$，则：

(1) 两直线相交的充要条件为 $\frac{A_1}{A_2}\neq\frac{B_1}{B_2}$；

(2) 两直线平行的充要条件为 $\frac{A_1}{A_2}=\frac{B_1}{B_2}\neq\frac{C_1}{C_2}$；

(3) 两直线重合的充要条件为 $\frac{A_1}{A_2}=\frac{B_1}{B_2}=\frac{C_1}{C_2}$.

说明　对于定理中的条件有一点说明如下：如果 $A_1\neq0,A_2\neq0,B_1\neq0,B_2=0$，我们约定：$\frac{A_1}{A_2}\neq\frac{B_1}{B_2}$；如果 $A_1\neq0,A_2\neq0,B_1=B_2=0$，我们约定：$\frac{A_1}{A_2}=\frac{B_1}{B_2}$；对于其他类似情形作类似约定.

定义 3.8　我们约定，定理 3.11 对于虚直线来说也成立.

3.5.2　两条直线的夹角

定义 3.9　设按顺序给出两条直线 l_1 和 l_2，那么，l_1 与 l_2 的夹角是指 l_1 绕

它上面一点旋转到与 l_2 平行或重合的位置所需要旋转的角度.

对于这个定义,我们说明以下几个问题:

(1) 直线 l_1 与 l_2 的夹角是多值的.若 α(弧度)是其中的一个值,则所有值的表达式为 $\alpha+n\pi$(n 为整数).为了简便,通常取小于 π 的非负的值作为两条直线的夹角.这样,当两直线平行或重合时,夹角为0;相交时,夹角为大于0小于 π 的一个值.

(2) 在一般情形下 $(\widehat{l_1,l_2})\neq(\widehat{l_2,l_1})$.

(3) 如果不指明两条直线的顺序,它们的夹角常取0与 $\frac{\pi}{2}$ 之间的值.

定理 3.12 若直线 l_1 与 l_2 的斜率分别为 k_1 与 k_2,并且 $1+k_2k_1\neq 0$,则 l_1 与 l_2 的夹角 θ 的正切

$$\tan\theta=\frac{k_2-k_1}{1+k_2k_1}$$

应用定理3.12求两直线的夹角时,应注意以下几个问题:

(1) 公式中分子上的 k_1 与 k_2 的顺序不能随意颠倒.

(2) 求无向角大小的问题可转化为求有向角大小的问题.

(3) 如直线 l_1 与 l_2 没有指定顺序,则 $\frac{k_2-k_1}{1+k_2k_1}$ 与 $\frac{k_1-k_2}{1+k_1k_2}$ 只差一个符号,求得的两个夹角是互补的,一般用公式

$$\tan\theta=\left|\frac{k_2-k_1}{1+k_2k_1}\right|$$

这样求得的 θ 总是锐角(如果 $\tan\theta$ 存在).

推论 直线 $l_1:A_1x+B_1y+C_1=0$ 与 $l_2:A_2x+B_2y+C_2=0$ 的夹角 θ 的正切

$$\tan\theta=\frac{A_1B_2-A_2B_1}{A_1A_2+B_1B_2}$$

这个式子是在 $B_1\neq 0,B_2\neq 0$ 的条件下推导出来的.但是可以验证,如果 $B_1=0$(这时 $A_1\neq 0$),或 $B_2=0$(这时 $A_2\neq 0$),或 $B_1=B_2=0$(这时 $A_1\neq 0$, $A_2\neq 0$),这个结果仍然适用.

例 3.18 求与直线 $l_1:3x-y=0$ 关于直线 $m:2x-y+1=0$ 成对称的直线 l_2 的方程.

解 已知直线 l_1 与 m 的交点为(1,3).设所求直线 l_2 的斜率为 k,由于

$$(\widehat{l_1,m})=(\widehat{m,l_2})$$

l_1 的斜率为 3，m 的斜率为 2，所以有

$$\frac{2-3}{1+2\times 3}=\frac{k-2}{1+k\times 2}$$

由此得 $k=\frac{13}{9}$.

直线 l_2 通过点(1,3)，并且斜率为$\frac{13}{9}$，所以 l_2 的方程为

$$13x-9y+14=0$$

例 3.19　在 y 轴上有两点 $B(0,6)$ 和 $C(0,2)$，A 为 x 轴的正半轴上的一点，问 A 在何处时，$\angle BAC$ 取得最大值？这最大值是多少？

解法 1　设点 A 的坐标为$(x,0)$，则

$$k_{AB}=\frac{0-6}{x-0}=-\frac{6}{x}$$

$$k_{AC}=\frac{0-2}{x-0}=-\frac{2}{x}$$

设 AB 与 AC 夹的锐角为 α，则

$$\tan\alpha=\frac{-\frac{2}{x}-\left(-\frac{6}{x}\right)}{1+\left(-\frac{2}{x}\right)\cdot\left(-\frac{6}{x}\right)}=\frac{4x}{x^2+12}$$

由此得

$$x^2\tan\alpha-4x+12\tan\alpha=0 \tag{3.16}$$

在这个二次方程中的 x 必须是实数，所以这个方程的根的判别式 Δ 大于或等于 0，即

$$\Delta=(-4)^2-4\tan\alpha\cdot 12\tan\alpha=16(1-3\tan^2\alpha)\geqslant 0$$

从而有

$$1-3\tan^2\alpha\geqslant 0$$

这就得

$$-\frac{1}{\sqrt{3}}\leqslant\tan\alpha\leqslant\frac{1}{\sqrt{3}}$$

可见 $\tan\alpha$ 的最大值为$\frac{1}{\sqrt{3}}$. 因 α 是锐角，所以当 $\tan\alpha=\frac{1}{\sqrt{3}}$ 时，α 取得最大值，这最大值为 30°.

因 $\tan\alpha=\frac{1}{\sqrt{3}}$ 时 $\Delta=0$，所以(3.16) 的两根相等. 由二次方程根与系数的关

系,点 A 的横坐标

$$x=\frac{4}{2\tan\alpha}=2\sqrt{3}$$

即点 A 的坐标为 $(2\sqrt{3},0)$.

解法2 如图3.20,通过点 B,C 作圆与 x 轴的正半轴相切,设切点为 A,则 A 是 x 轴的正半轴上对 B,C 张成最大角的点,因在 x 轴的正半轴上任取一异于 A 的点 M,则 $\angle BMC$ 是圆外角,而 $\angle BAC$ 是圆周角,所以

$$\angle BAC>\angle BMC$$

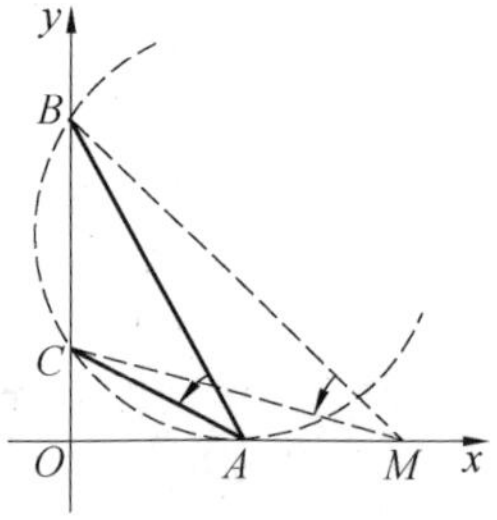

由圆幂定理,$|OA|^2=|OB|\cdot|OC|=12$,所以 $|OA|=2\sqrt{3}$,即点 A 的坐标为 $(2\sqrt{3},0)$,又

图 3.20

$$k_{AB}=\frac{6}{-2\sqrt{3}}=-\sqrt{3}$$

$$k_{AC}=\frac{2}{-2\sqrt{3}}=-\frac{\sqrt{3}}{3}$$

所以 AB 的倾斜角为 $120°$,AC 的倾斜角为 $150°$,从而 $\angle BAC=30°$.或用以下的方法求 $\angle BAC$,即

$$\tan\angle BAC=\frac{-\frac{\sqrt{3}}{3}-(-\sqrt{3})}{1+\left(-\frac{\sqrt{3}}{3}\right)\times(-\sqrt{3})}=\frac{\sqrt{3}}{3}$$

从而 $\angle BAC=30°$.

3.5.3 两条直线平行与垂直的条件

定理 3.13 两条直线平行(或重合)的充要条件是它们的斜率相等(或同时不存在).

定理 3.14 两条直线互相垂直的充要条件是它们的斜率的乘积等于 -1,也可以说,它们的斜率互为负倒数(或一斜率为0,另一斜率不存在).

例 3.20 设三个互不相等的锐角 α,β,γ 成等差数列,求证:直线

$$x\tan\beta+y(\sin\alpha+\sin\gamma)+\frac{1}{2}(\alpha+\gamma)=0$$

和

$$x\tan(\beta-\gamma)+y(\sin\alpha-\sin\gamma)+\frac{1}{2}(\alpha-\gamma)=0$$

平行.

证明　因为 α,β,γ 成等差数列,所以

$$\beta=\frac{1}{2}(\alpha+\gamma)$$

从而

$$\beta-\gamma=\frac{1}{2}(\alpha-\gamma)$$

于是

$$\frac{\tan\beta}{\tan(\beta-\gamma)}=\frac{\tan\frac{1}{2}(\alpha+\gamma)}{\tan\frac{1}{2}(\alpha-\gamma)}$$

$$=\frac{\sin\frac{1}{2}(\alpha+\gamma)\cdot\cos\frac{1}{2}(\alpha-\gamma)}{\cos\frac{1}{2}(\alpha+\gamma)\cdot\sin\frac{1}{2}(\alpha-\gamma)}$$

$$=\frac{\sin\alpha+\sin\gamma}{\sin\alpha-\sin\gamma}\quad\text{(积化和差公式)}$$

而

$$\frac{\tan\beta}{\tan(\beta-\gamma)}=\frac{\tan\frac{1}{2}(\alpha+\gamma)}{\tan\frac{1}{2}(\alpha-\gamma)}\neq\frac{\frac{1}{2}(\alpha+\gamma)}{\frac{1}{2}(\alpha-\gamma)}$$

所以两已知直线平行.

例 3.21　求证:两点 $M_1(x_1,y_1)$ 和 $M_2(x_2,y_2)$ 关于直线 $l:Ax+By+C=0$ 对称的条件为:

(1) $Ax_1+By_1+C=-(Ax_2+By_2+C)$;

(2) $A(y_1-y_2)=B(x_1-x_2)$.

证明　线段 M_1M_2 的中点 P 的坐标为 $\left(\frac{x_1+x_2}{2},\frac{y_1+y_2}{2}\right)$,由于 P 在 l 上,所以有

$$\frac{A(x_1+x_2)}{2}+\frac{B(y_1+y_2)}{2}+C=0$$

由此得

$$Ax_1+By_1+C=-(Ax_2+By_2+C)$$

这即是条件(1).

又因为线段 M_1M_2 与 l 垂直,所以有

$$\left(-\frac{A}{B}\right)\left(\frac{y_1-y_2}{x_1-x_2}\right)=-1$$

由此得 $A(y_1-y_2)=B(x_1-x_2)$,这即是条件(2).(1),(2)是必要条件.显然也是充分条件.

例 3.22 $\triangle ABC$ 中,$AB=AC$,AO,BE 是高,H 是垂心,取线段 AH 的中点 G.作 EF 垂直 BC 于点 F,延长 AO 到 K,使 $|OK|=|EF|$,联结 BG,BK.求证:BG 与 BK 互相垂直.

证明 如图 3.21 建立直角坐标系,并设 A,B,C 的坐标各为 $(0,a)$,$(-b,0)$,$(b,0)$,这里 $a>0$,$b>0$.直线 AC 的方程为 $ax+by-ab=0$,高线 BE 通过点 $B(-b,0)$ 并且垂直于 AC,易知它的方程为 $bx-ay+b^2=0$,于是点 H 的坐标为 $(0,\frac{b^2}{a})$,这就可以求出点 G 的坐标为 $\left(0,\frac{a^2+b^2}{2a}\right)$.点 E 的纵坐标容易求得为 $\frac{2ab^2}{a^2+b^2}$.由于 $|OK|=|EF|$,所以点 K 的坐标为 $\left(0,-\frac{2ab^2}{a^2+b^2}\right)$,于是

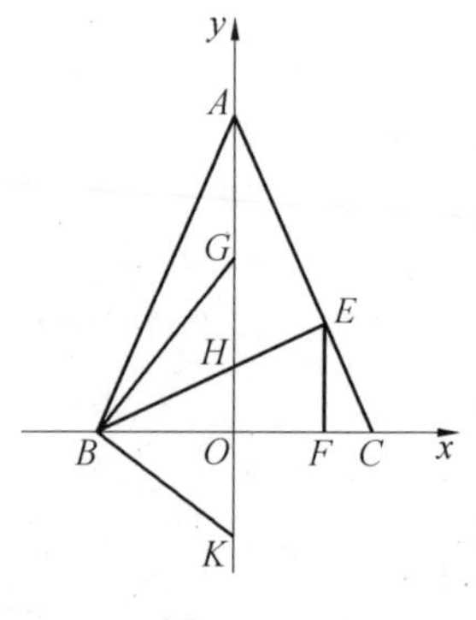

图 3.21

$$k_{BG}=\frac{a^2+b^2}{2ab}$$

$$k_{BK}=-\frac{2ab}{a^2+b^2}$$

而

$$k_{BG}\cdot k_{BK}=-1$$

所以 BG 与 BK 互相垂直.

3.6 二元二次方程表示两条直线的条件

二元二次方程

$$Ax^2+2Bxy+Cy^2+2Dx+2Ey+F=0$$

在一定条件下表示两条直线.

定理 3.15 二元二次方程

$$Ax^2+2Bxy+Cy^2+2Dx+2Ey+F=0 \tag{3.17}$$

的左端能分解为两个一次因式(系数或实或虚)乘积的充要条件是

$$I_3=\begin{vmatrix} A & B & C \\ B & C & E \\ D & E & F \end{vmatrix}=0 \tag{3.18}$$

即

$$A\cdot C\cdot F+2B\cdot D\cdot E-A\cdot E^2-C\cdot D^2-F\cdot B^2=0 \tag{3.18$'$}$$

证明 **必要性** 设式(3.17)的左端能分解为两个一次因式的乘积,则总可设这两个因式为 $a_1x+b_1y+c_1$ 和 $a_2x+b_2y+c_2$,使

$$\begin{aligned}&Ax^2+2Bxy+Cy^2+2Dx+2Ey+F\\ \equiv&(a_1x+b_1y+c_1)(a_2x+b_2y+c_2)\end{aligned}$$

展开恒等式右端,并比较两端的同类项的系数,得

$$A=a_1a_2,2B=a_1b_2+a_2b_1,C=b_1b_2$$

$$2D=a_1c_2+a_2c_1,2E=b_1c_2+b_2c_1,F=c_1c_2$$

所以

$$\begin{aligned}&A\cdot C\cdot F+2B\cdot D\cdot E-A\cdot E^2-C\cdot D^2-F\cdot B^2\\ =&a_1a_2b_1b_2c_1c_2+2\cdot\frac{1}{2}(a_1b_2+a_2b_1)\cdot\frac{1}{2}(a_1c_2+a_2c_1)\cdot\\ &\frac{1}{2}(b_1c_2+b_2c_1)-a_1a_2\left[\frac{1}{2}(b_1c_2+b_2c_1)\right]^2-\\ &b_1b_2\left[\frac{1}{2}(a_1c_2+a_2c_1)\right]^2-c_1c_2\left[\frac{1}{2}(a_1b_2+a_2b_1)\right]^2\\ =&0\end{aligned}$$

充分性 分两种情形.

(1) 当 A 或 C 不为 0 时,例如当 $A\neq 0$,用 A 乘式(3.17)的各项,得

$$(Ax)^2+2ABxy+ACy^2+2ADx+2AEy+AF=0$$

即

$$(Ax)^2+2A(By+D)x=-ACy^2-2AEy-AF$$

把左端配方,得

$$\begin{aligned}&(Ax)^2+2A(By+D)x+(By+D)^2\\ =&(By+D)^2-ACy^2-2AEy-AF\end{aligned}$$

即

$$(Ax+By+D)^2=(B^2-AC)y^2+2(BD-AE)y+D^2-AF$$

由于式(3.18′)的值为0,所以右端的二次三项式的系数满足条件

$$\begin{aligned}&[2(BD-AE)]^2-4(B^2-AC)(D^2-AF)\\&=-4A(A\cdot C\cdot F+2B\cdot D\cdot E-A\cdot E^2-C\cdot D^2-F\cdot B^2)\\&=0\end{aligned}$$

从而上式右端必然是y的完全平方的三项式,于是式(3.17)的左端可以分解为两个一次因式的乘积.

(2) 当$A=C=0$时,这时$B\neq 0$,式(3.17)即是

$$2Bxy+2Dx+2Ey+F=0$$

用B乘这个方程的各项,得

$$2B^2xy+2BDx+2BEy+BF=0$$

由此得

$$2(Bx+E)(By+D)-2DE+BF=0$$

由于这时$A=C=0$,$B\neq 0$,式(3.18′)的值为0,所以$-2DE+BF=0$,从而式(3.17)的左端可以分解为两个一次因式的乘积.

由本定理知道,式(3.17)在$I_3=0$时表示两条直线(实或虚).

例3.23 $x^2-4y^2=0$满足式(3.18),它表示两条直线:$x+2y=0$和$x-2y=0$.

例3.24 $x^2+2y^2-4x-16y+36=0$满足式(3.18)为分解因式,把方程改写成

$$(x-2)^2+2(y-4)^2=0$$

分解因式得

$$[(x-2)+\sqrt{2}\mathrm{i}(y-4)][(x-2)-\sqrt{2}\mathrm{i}(y-4)]=0$$

令两个一次因式等于0,得到两个带有虚系数的二元一次方程

$$x+\sqrt{2}\mathrm{i}y-2-4\sqrt{2}\mathrm{i}=0$$

和

$$x-\sqrt{2}\mathrm{i}y-2+4\sqrt{2}\mathrm{i}=0$$

它们是两条虚直线.这两条虚直线相交于一个实点(2,4),这是因为只有(2,4)满足原方程$(x-2)^2+2(y-4)^2=0$.

例3.25 $x^2+1=0$也满足(3.18).把它的左端分解因式得$(x+\mathrm{i})(x-\mathrm{i})=0$,所以$x^2+1=0$表示两条虚直线$x+\mathrm{i}=0$和$x-\mathrm{i}=0$.与上例不同,它

们是平行的，没有交点.

总之，方程(3.17) 在条件(3.18)(或(3.18′)) 之下，若在实解析几何中，式(3.17) 可能表示两条实直线(例 3.23)，也可能表示一个实点(例 3.24)，也可能不表示任何曲线(例 3.25)；而在复解析几何中，式(3.17) 总表示两条直线. 这两条直线可能是实直线，也可能是虚直线. 这两条虚直线可能相交于一个实点，也可能互相平行.

例 3.26　判定下面的二元二次方程

$$x^2 - 5xy + 4y^2 + x + 2y - 2 = 0$$

是否表示两条直线；如果是的话，求出这两条直线的方程.

解　这里 $A=1, B=-\frac{5}{2}, C=4, D=\frac{1}{2}, E=1, F=-2$. 行列式

$$I_3 = \begin{vmatrix} 1 & -\frac{5}{2} & \frac{1}{2} \\ -\frac{5}{2} & 4 & 1 \\ \frac{1}{2} & 1 & -2 \end{vmatrix} = 0$$

所以已知二元二次方程表示两条直线(实或虚).

要求这两条直线的方程，可就 x 解这个二元二次方程. 把这方程改写为

$$x^2 - (5y-1)x + (4y^2 + 2y - 2) = 0$$

所以

$$x = \frac{5y - 1 \pm \sqrt{(5y-1)^2 - 4(4y^2 + 2y - 2)}}{2} = \frac{5y - 1 \pm 3(y-1)}{2}$$

即

$$x = 4y - 2$$

或

$$x = y + 1$$

从而已知二元二次方程表示的两条直线的方程为

$$x - 4y + 2 = 0$$

和

$$x - y - 1 = 0$$

例 3.27　设方程

$$Ax^2+2Bxy+Cy^2+2Dx+2Ey+F=0$$

表示两条相交直线,求证:这两条直线的交点与原点间的距离的平方为

$$\frac{(A+C)F-D^2-E^2}{AC-B^2}$$

证明 总可设已知二元二次方程表示的两条相交直线的方程为 $a_1x+b_1y+c_1=0$ 和 $a_2x+b_2y+c_2=0$,使

$$(a_1x+b_1y+c_1)(a_2x+b_2y+c_2)$$
$$\equiv Ax^2+2Bxy+Cy^2+2Dx+2Ey+F$$

展开恒等式左端,并比较恒等式两端的同类项的系数,得

$$a_1a_2=A,a_1b_2+a_2b_1=2B,b_1b_2=C$$
$$a_1c_2+a_2c_1=2D,b_1c_2+b_2c_1=2E,c_1c_2=F$$

所以两直线的交点与原点间的距离的平方为

$$\left(\frac{b_1c_2-b_2c_1}{a_1b_2-a_2b_1}\right)^2+\left(\frac{c_1a_2-c_2a_1}{a_1b_2-a_2b_1}\right)^2$$
$$=\frac{[(b_1c_2+b_2c_1)^2-4b_1b_2c_1c_2]+[(c_1a_2+c_2a_1)^2-4a_1a_2c_1c_2]}{(a_1b_2+a_2b_1)^2-4a_1a_2b_1b_2}$$
$$=\frac{(4E^2-4CF)+(4D^2-4AF)}{4B^2-4AC}$$
$$=\frac{(A+C)F-D^2-E^2}{AC-B^2}$$

3.7 三条直线的相关位置

设已知三条直线,假定其中任意两条都不重合,那么,它们的相关位置有四种可能情形:三直线共点;三直线两两平行;三直线两两相交,但不共点;两直线平行,并且与第三直线相交.现在分别讨论如下.

设三直线为 $l_1:A_1x+B_1y+C_1=0,l_2:A_2x+B_2y+C_2=0,l_3:A_3x+B_3y+C_3=0$.

情形1 设三直线 l_1,l_2,l_3 共点,其中两条直线,例如 l_2 与 l_3 的交点为

$$\left(\frac{\begin{vmatrix}B_2 & C_2\\ B_3 & C_3\end{vmatrix}}{\begin{vmatrix}A_2 & B_2\\ A_3 & B_3\end{vmatrix}},-\frac{\begin{vmatrix}A_2 & C_2\\ A_3 & C_3\end{vmatrix}}{\begin{vmatrix}A_2 & B_2\\ A_3 & B_3\end{vmatrix}}\right)$$

这里$\begin{vmatrix} A_2 & B_2 \\ A_3 & B_3 \end{vmatrix} \neq 0$.

由于l_2与l_3的交点必在l_1上，所以以下的等式成立，即

$$A_1 \cdot \frac{\begin{vmatrix} B_2 & C_2 \\ B_3 & C_3 \end{vmatrix}}{\begin{vmatrix} A_2 & B_2 \\ A_3 & B_3 \end{vmatrix}} - B_1 \cdot \frac{\begin{vmatrix} A_2 & C_2 \\ A_3 & C_3 \end{vmatrix}}{\begin{vmatrix} A_2 & B_2 \\ A_3 & B_3 \end{vmatrix}} + C_1 = 0$$

由此得

$$D = \begin{vmatrix} A_1 & B_1 & C_1 \\ A_2 & B_2 & C_2 \\ A_3 & B_3 & C_3 \end{vmatrix} = 0$$

这是三直线共点的必要条件.

情形2 设三直线l_1, l_2, l_3两两平行.当B_1, B_2, B_3都不为0时，则三直线的斜率各为$-\frac{A_1}{B_1}, -\frac{A_2}{B_2}, -\frac{A_3}{B_3}$，因三直线两两平行，所以有

$$\frac{A_1}{B_1} = \frac{A_2}{B_2} = \frac{A_3}{B_3}$$

当三直线两两平行时，也可能有$B_1 = B_2 = B_3 = 0$.

我们知道，当一个行列式有两列元素成比例，或有一列元素都是0时，这个行列式为0，所以

$$D = \begin{vmatrix} A_1 & B_1 & C_1 \\ A_2 & B_2 & C_2 \\ A_3 & B_3 & C_3 \end{vmatrix} = 0$$

这是三直线两两平行的必要条件.

情形3 设三直线l_1, l_2, l_3两两相交，但不共点，其中两条直线，例如l_2与l_3的交点必不在直线l_1上，所以由它们的方程的系数、常数组成的三阶行列式不为0，即

$$D = \begin{vmatrix} A_1 & B_1 & C_1 \\ A_2 & B_2 & C_2 \\ A_3 & B_3 & C_3 \end{vmatrix} \neq 0$$

这是三直线两两相交，但不共点的必要条件.

情形4 设三直线l_1, l_2, l_3中两直线平行，并且与第三直线相交，与情形3相仿，这时也有

$$D=\begin{vmatrix}A_1 & B_1 & C_1\\A_2 & B_2 & C_2\\A_3 & B_3 & C_3\end{vmatrix}\neq 0$$

这是两直线平行,并且与第三直线相交的必要条件.

定理 3.16 若三直线 $l_1:A_1x+B_1y+C_1=0$,$l_2:A_2x+B_2y+C_2=0$,$l_3:A_3x+B_3y+C_3=0$ 共点或两两平行,则行列式

$$D=\begin{vmatrix}A_1 & B_1 & C_1\\A_2 & B_2 & C_2\\A_3 & B_3 & C_3\end{vmatrix}=0$$

若这三直线两两相交,但不共点,或两直线平行,并且与第三直线相交,则行列式

$$D=\begin{vmatrix}A_1 & B_1 & C_1\\A_2 & B_2 & C_2\\A_3 & B_3 & C_3\end{vmatrix}\neq 0$$

以上我们得到了三条直线各种相关位置的必要条件,但这些条件并不是充分的.尽管如此,我们仍能很容易地判定出当 $D=0$ 或 $D\neq 0$ 时,三直线的相关位置究竟是哪一种.

例 3.28 判定下列各组直线的相关位置:

(1)$x-y=0$,$2x-y-1=0$,$3x-y-2=0$;

(2)$3x-6y+1=0$,$4x+y-1=0$,$x-2y+3=0$.

解 (1) 由于

$$D=\begin{vmatrix}1 & -1 & 0\\2 & -1 & -1\\3 & -1 & -2\end{vmatrix}=0$$

所以三已知直线或者共点,或者两两平行.而前两直线相交,所以三已知直线共点.

(2) 由于

$$D=\begin{vmatrix}3 & -6 & 1\\4 & 1 & -1\\1 & -2 & 3\end{vmatrix}=72\neq 0$$

所以三已知直线或者两两相交,但不共点,或者两直线平行并且与第三直线相交.而第一直线与第三直线平行,所以三已知直线的位置关系是两直线平行,并

且与第三直线相交.

例 3.29 (1) 设已知三条直线 $l_1: A_1x+B_1y+C_1=0$, $l_2: A_2x+B_2y+C_2=0$ 和 $l_3: A_3x+B_3y+C_3=0$,那么,这三条直线共点或两两平行的充要条件是:存在三个不全为0的数 p,q,r,使以下的恒等式成立,即

$$p(A_1x+B_1y+C_1)+q(A_2x+B_2y+C_2)+ r(A_3x+B_3y+C_3)\equiv 0 \tag{3.19}$$

(2) 用(1)的结论证明三角形的三条高线共点;

(3) 用(1)的结论证明三角形的三个内角的平分线共点.

证明 (1) 设存在三个不全为0的数 p,q,r,使

$$p(A_1x+B_1y+C_1)+q(A_2x+B_2y+C_2)+ r(A_3x+B_3y+C_3)\equiv 0$$

也就是存在三个不全为0的数 p,q,r,使

$$(pA_1+qA_2+rA_3)x+(pB_1+qB_2+rB_3)y+ (pC_1+qC_2+rC_3)\equiv 0$$

根据恒等式的性质,也就是存在三个不全为0的数 p,q,r,使

$$\begin{cases} pA_1+qA_2+rA_3=0 \\ pB_1+qB_2+rB_3=0 \\ pC_1+qC_2+rC_3=0 \end{cases}$$

根据齐次一次方程组有非0解的充要条件,可知使上面这组等式成立的充要条件为

$$\begin{vmatrix} A_1 & A_2 & A_3 \\ B_1 & B_2 & B_3 \\ C_1 & C_2 & C_3 \end{vmatrix}=0 \tag{3.20}$$

既然(3.19)和(3.20)互为充要条件,由定理3.16可知,三直线 l_1,l_2 和 l_3 共点或两两平行的充要条件为(3.19).

(2) 设三角形的三个顶点为 (x_1,y_1),(x_2,y_2),(x_3,y_3),那么,三角形的三条高线的方程分别为

$$f_1(x,y)=(x_2-x_3)x+(y_2-y_3)y-x_1(x_2-x_3)- y_1(y_2-y_3)=0$$

$$f_2(x,y)=(x_3-x_1)x+(y_3-y_1)y-x_2(x_3-x_1)- y_2(y_3-y_1)=0$$

$$f_3(x,y)=(x_1-x_2)x+(y_1-y_2)y-x_3(x_1-x_2)-$$

$$y_3(y_1-y_2)=0$$

显然

$$1\cdot f_1(x,y)+1\cdot f_2(x,y)+1\cdot f_3(x,y)\equiv 0$$

而三条高线又不互相平行,所以三条高线共点.

(3) 总可设原点 O 在三角形内部,设三角形的三边所在直线的法线式方程分别为

$$f_1=0,f_2=0,f_3=0$$

则三内角的平分线所在直线的方程分别为

$$f_2-f_3=0,f_3-f_1=0,f_1-f_2=0$$

显然

$$1\cdot(f_2-f_3)+1\cdot(f_3-f_1)+1\cdot(f_1-f_2)\equiv 0$$

而三内角的平分线又不互相平行,所以三内角的平分线共点.

3.8　直线系

我们知道,两个条件确定一条直线.如果使直线只满足一个条件,那么,这种直线有无限多条.我们把只满足一个条件的直线的集合叫作满足这个条件的直线系.也可以说,具有某一共同特性的直线的集合叫作具有该共同特性的直线系(直线族).

3.8.1　直线系的方程的定义

定义 3.10　设有一个包含一个或一个以上的不定常数(叫作参数)的一次方程 $F(x,y)=0$ 与一个直线系,如果给 $F(x,y)=0$ 中的参数以任何允许值所得的具体直线都属于这个直线系;反过来,这个直线系的每条具体直线都是当方程中的参数取某个允许值时所得的直线,即这直线包含在方程中了,那么,这个含有参数的直线方程 $F(x,y)=0$ 叫作这个直线系的方程.

3.8.2　平行直线束的方程

定义 3.11　平面上,一条直线以及平行于这直线的全体直线的集合叫作平行直线束.

平行直线束的任何一条直线都完全确定这个平行直线束.

定理 3.17 由已知直线 $Ax+By+C=0$ 确定的平行直线束的方程为

$$Ax+By+\lambda=0$$

这里 λ 是参数，它可以取任意实数.

推论 垂直于已知直线 $Ax+By+C=0$ 的平行直线束的方程为

$$Bx-Ay+\mu=0$$

这里 μ 是参数，它可以取任意实数.

例 3.30 一条直线平行于已知直线 $4x+3y-7=0$，并且与两条坐标轴围成的三角形的周长为 10，求这直线的方程.

解 设平行于已知直线的方程为

$$4x+3y+\lambda=0$$

它的横截距为 $-\frac{\lambda}{4}$，纵截距为 $-\frac{\lambda}{3}$，它夹在两坐标轴之间的线段的长为 $\sqrt{\frac{\lambda^2}{16}+\frac{\lambda^2}{9}}=\frac{5}{12}|\lambda|$. 由于要求的直线与两条坐标轴围成的三角形的周长为 10，所以有

$$\frac{|\lambda|}{4}+\frac{|\lambda|}{3}+\frac{5}{12}|\lambda|=10$$

由此得

$$|\lambda|=10$$

所以

$$\lambda=\pm 10$$

因此所求直线的方程为

$$4x+3y+10=0$$

和

$$4x+3y-10=0$$

例 3.31 三角形的三个顶点为 $A(4,1)$，$B(-1,-6)$，$C(-3,2)$，点 $M(x,y)$ 在这三角形的边上或内部运动，求函数 $P=4x-3y$ 的最大值与最小值.

解 $P=4x-3y$，即

$$y=\frac{4}{3}x-\frac{P}{3}$$

这个方程表示斜率为 $\frac{4}{3}$，而纵截距为变数 $-\frac{P}{3}$ 的平行直线束，其中 x 和 y 只能是 $\triangle ABC$ 的边上或内部的点的坐标. 对于这个范围内不同的点来说，x，y 不

同,从而$-\frac{P}{3}$的值一般也随之而异.显然只有当直线$y=\frac{4}{3}x-\frac{P}{3}$通过$\triangle ABC$的顶点时,直线的纵截距$-\frac{P}{3}$才能取得最小值和最大值,从而函数$P$才能取得最大值和最小值(图3.22).

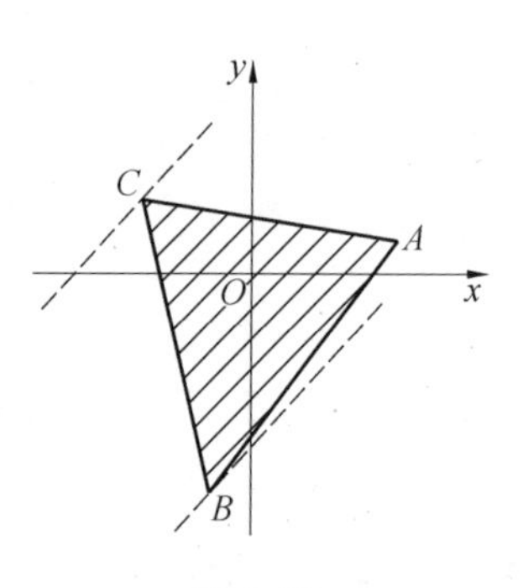

图3.22

把$A(4,1)$,$B(-1,-6)$,$C(-3,2)$的坐标分别代入函数$P=4x-3y$得$P=13$,$P=14$,$P=-18$,所以P的最大值为14,最小值为-18.

3.8.3 中心直线束的方程

上面介绍的平行直线束在某种意义下是中心直线束的特殊情形.

定义3.12 平面上通过某个定点的直线的集合叫作一个中心直线束(简称线束),该定点叫作这个直线束的中心(束心).

1.以已知点为中心的直线束的方程

定理3.18 以点$S(x_0,y_0)$为中心的直线束的方程为

$$\lambda(x-x_0)+\mu(y-y_0)=0 \tag{3.21}$$

这里λ和μ都是参数,它们可以独立地取不同时为0的任意实数.

证明 在式(3.21)中不论λ,μ取什么值,只要不同时为0,得到的总是通过点$S(x_0,y_0)$的直线,即这直线属于以$S(x_0,y_0)$为中心的直线束.

反过来,设直线$A_0x+B_0y+C=0$通过点$S(x_0,y_0)$,则$A_0x_0+B_0y_0+C=0$,所以有

$$C=-(A_0x_0+B_0y_0)$$

因此通过S的这条直线的方程为

$$A_0x+B_0y-(A_0x_0+B_0y_0)=0$$

即

$$A_0(x-x_0)+B_0(y-y_0)=0$$

因此只要令式(3.21)中$\lambda=A_0$,$\mu=B_0$,便得到通过点S的这条直线,即以S为中心的线束的一切直线都包含在式(3.21)中了,所以式(3.21)是以点$S(x_0,$

y_0) 为中心的直线束的方程.

2. 以两已知直线的交点为中心的直线束的方程

中心直线束中的两条直线也确定这个直线束. 要求这个直线束的方程,当然可以先求出这两条直线的交点,然后应用定理 3.18 求出这个直线束的方程,但我们有以下的定理.

定理 3.19 设 $l_1: A_1x+B_1y+C_1=0$ 和 $l_2: A_2x+B_2y+C_2=0$ 是两条相交直线,那么由 l_1 和 l_2 所确定的中心直线束的方程为

$$\lambda(A_1x+B_1y+C_1)+\mu(A_2x+B_2y+C_2)=0 \tag{3.22}$$

这里 λ 和 μ 都是参数,它们可以独立地取不同时为 0 的任意实数.

证明 分以下三步证明:

(1) 首先证明式(3.22) 总表示直线,把式(3.22) 改写为

$$(\lambda A_1+\mu A_2)x+(\lambda B_1+\mu B_2)y+(\lambda C_1+\mu C_2)=0$$

我们说,系数 $\lambda A_1+\mu A_2$ 与 $\lambda B_1+\mu B_2$ 不会同时为 0,因为不然的话,即 $\lambda A_1+\mu A_2=0$,并且 $\lambda B_1+\mu B_2=0$,则

$$\lambda=\frac{\begin{vmatrix}0 & A_2\\ 0 & B_2\end{vmatrix}}{\begin{vmatrix}A_1 & A_2\\ B_1 & B_2\end{vmatrix}}=0,\mu=\frac{\begin{vmatrix}A_1 & 0\\ B_1 & 0\end{vmatrix}}{\begin{vmatrix}A_1 & A_2\\ B_1 & B_2\end{vmatrix}}=0$$

(这里 $\begin{vmatrix}A_1 & A_2\\ B_1 & B_2\end{vmatrix}\neq 0$,因为 l_1 与 l_2 不平行) 但这和已知矛盾,因为我们已限定 λ 与 μ 不同时为 0,从而 $\lambda A_1+\mu A_2$ 与 $\lambda B_1+\mu B_2$ 不同时为 0,所以(3.22) 是 x 与 y 的一次方程,于是(3.22) 总表示直线.

(2) 其次证明(3.22) 所表示的任何直线必通过两已知直线的交点. 设(x_0, y_0) 是两已知直线的交点,那么有

$$A_1x_0+B_1y_0+C_1=0$$
$$A_2x_0+B_2y_0+C_2=0$$

从而也就有

$$\lambda(A_1x_0+B_1y_0+C_1)+\mu(A_2x_0+B_2y_0+C_2)=0$$

即坐标(x_0, y_0) 满足(3.22),所以(3.22) 表示的任何直线必通过两已知直线的交点.

(3) 最后证明凡通过两已知直线交点的直线都包含在式(3.22) 中. 设 l 是

通过两已知直线交点的任意一条直线,我们证明 l 包含在式(3.22)内.为此,在 l 上除两已知直线的交点外另取一点(α,β),则 $A_1\alpha+B_1\beta+C_1$ 与 $A_2\alpha+B_2\beta+C_2$ 不会同时为0,因为不然的话,(α,β)就成为两已知直线的交点了,而我们已假定(α,β)不是两已知直线的交点.例如 $A_1\alpha+B_1\beta+C_1\neq 0$,我们各取 λ 和 μ 的一个值,使

$$\frac{\lambda}{\mu}=-\frac{A_2\alpha+B_2\beta+C_2}{A_1\alpha+B_1\beta+C_1}$$

我们看直线

$$(A_2\alpha+B_2\beta+C_2)(A_1x+B_1y+C_1)-$$
$$(A_1\alpha+B_1\beta+C_1)(A_2x+B_2y+C_2)=0$$

这条直线不但通过两已知直线的交点,显然也通过点(α,β),因此它是直线 l 的方程.这种形式的方程包含在式(3.22)中,即直线 l 包含在式(3.22)中.这就证明了通过两已知直线交点的一切直线都包含在式(3.22)中了.

说明 有的把以两已知直线的交点为中心的直线束的方程写成

$$\lambda(A_1x+B_1y+C_1)+(A_2x+B_2y+C_2)=0 \qquad (3.22')$$

或

$$(A_1x+B_1y+C_1)+\mu(A_2x+B_2y+C_2)=0 \qquad (3.22'')$$

实际上,式(3.22′)没有把 $A_1x+B_1y+C_1=0$ 包括进直线束去;式(3.22″)没有把 $A_2x+B_2y+C_2=0$ 包括进直线束去.一般为了简单也可用式(3.22′)或式(3.22″)去解决问题,不过应用式(3.22′)时,应考虑 $A_1x+B_1y+C_1=0$ 是否是问题的解,应用式(3.22″)时,应考虑 $A_2x+B_2y+C_2=0$ 是否是问题的解,如果是的话,要补充进去.

例 3.32 求通过点 $M(7,14)$ 并且和原点的距离为 7 的直线的方程(例 3.10).

解 设通过点 $M(7,14)$ 的直线的方程为

$$\lambda(x-7)+\mu(y-14)=0$$

即

$$\lambda x+\mu y-(7\lambda+14\mu)=0$$

由于要求它和原点的距离为7,所以有

$$\frac{|\lambda\cdot 0+\mu\cdot 0-7\lambda-14\mu|}{\sqrt{\lambda^2+\mu^2}}=7$$

由此得

$$|\lambda+2\mu|=\sqrt{\lambda^2+\mu^2}$$

两端平方、化简得

$$4\lambda\mu + 3\mu^2 = 0$$

由此得

$$\mu = -\frac{4}{3}\lambda$$

和

$$\mu = 0$$

因此所求直线的方程为

$$\lambda(x-7) - \frac{4}{3}\lambda(y-14) = 0$$

和

$$\lambda(x-7) = 0$$

消去 λ,得

$$3x - 4y + 35 = 0$$

和

$$x - 7 = 0$$

例 3.33　一条直线通过直线 $3x+y+1=0$ 与 $x-y+3=0$ 的交点,并且与直线 $4x+5y-7=0$ 互相垂直,求这直线的方程.

解法 1　设所求直线方程为

$$\lambda(3x+y+1) + \mu(x-y+3) = 0$$

它的斜率为 $-\dfrac{3\lambda+\mu}{\lambda-\mu}$. 已知直线 $4x+5y-7=0$ 的斜率为 $-\dfrac{4}{5}$,所以所求直线的斜率为 $\dfrac{5}{4}$,这就有

$$-\frac{3\lambda+\mu}{\lambda-\mu} = \frac{5}{4}$$

由此得

$$17\lambda - \mu = 0$$

可令 $\lambda=1, \mu=17$. 因此所求直线的方程为

$$1 \times (3x+y+1) + 17 \times (x-7+3) = 0$$

即

$$5x - 4y + 13 = 0$$

解法 2　设所求直线的方程为

$$5x - 4y + C = 0$$

由于它与两已知直线 $3x+y+1=0$ 和 $x-y+3=0$ 共点,所以

$$\begin{vmatrix} 5 & -4 & C \\ 3 & 1 & 1 \\ 1 & -1 & 3 \end{vmatrix}=0$$

由此得 $C=13$. 因此所求直线的方程为

$$5x-4y+13=0$$

例 3.34 试证:方程 $(k+1)x-(k-1)y-2k=0$(k 为实数)所表示的直线都通过一个定点,并求出这个定点的坐标.

证法 1 已知方程可改写为

$$k(x-y-2)+(x+y)=0$$

由定理 3.19 可知,已知方程所表示的直线都通过直线 $x-y-2=0$ 和 $x+y=0$ 的交点,这交点为 $(1,-1)$.

证法 2 在已知方程中令 $k=0$,再令 $k=-1$,得已知方程包含的两直线

$$x+y=0$$

和

$$y+1=0$$

这两直线相交于点 $(1,-1)$. 把 $(1,-1)$ 代入已知方程左端,结果为 0,所以已知方程所表示的直线都通过定点 $(1,-1)$.

第4章　圆

4.1　圆的定义

定义 4.1　平面上与一个定点的距离等于定长的点的轨迹叫作圆，该定点叫作这个圆的圆心.联结圆心与圆上一点的线段叫作这个圆的半径，也把圆上一点与圆心的距离叫作这个圆的半径.

4.2　圆的方程

圆的直角坐标方程有两种，一种是标准方程，一种是一般方程.

4.2.1　圆的标准方程

定理 4.1　在直角坐标系中，以点 $S(a,b)$ 为圆心，半径为 r 的圆的方程为

$$(x-a)^2+(y-b)^2=r^2 \tag{4.1}$$

推论　以原点为圆心，半径为 r 的圆的方程为

$$x^2+y^2=r^2 \tag{4.2}$$

形如式(4.1)或式(4.2)的圆的方程叫作圆的标准方程.

4.2.2　圆的一般方程

定理 4.2　在直角坐标系中，任何圆的方程都具有以下形式，即

$$x^2+y^2+2Dx+2Ey+F=0 \tag{4.3}$$

即具有三个特点的二元方程：(1) 方程是二次的；(2) 两个坐标平方项，即 x^2 项、y^2 项的系数都是 1；(3) 没有坐标交叉项，即没有 xy 项.

在实解析几何中，当 $D^2+E^2-F>0$ 时，方程(4.3)表示以点$(-D,-E)$为圆心，半径为$\sqrt{D^2+E^2-F}$ 的圆；当 $D^2+E^2-F=0$ 时，方程(4.3)表示以

点$(-D,-E)$为圆心的点圆;当$D^2+E^2-F<0$时,(4.3)不表示任何曲线.在复解析几何中,(4.3)总表示以点$(-D,-E)$为圆心,半径为$\sqrt{D^2+E^2-F}$的圆(实圆、点圆或虚圆).

推论 形如

$$Ax^2+Ay^2+2Dx+2Ey+F=0 \quad (A\neq 0) \tag{4.4}$$

的方程为圆.

形如(4.3)或(4.4)的圆的方程叫作圆的一般方程.

但需注意,在求圆(4.4)的圆心和半径时,必须先把两个坐标平方项的系数变为1,然后按定理4.2下方的说明去求.

在圆的标准方程(4.1)中含有三个独立参数a,b,r,在圆的一般方程(4.3)中含有三个独立参数D,E,F,而决定一个参数需要一个条件,因此三个独立且不矛盾的条件确定一个圆.例如,从平面几何知道,圆心(两个独立条件确定圆心,例如横坐标与纵坐标确定圆心)与半径确定一个圆.不共线三点确定一个圆.

例4.1 求与圆$x^2+y^2-2x=0$相切,并且与直线$l:x+\sqrt{3}y=0$相切于点$T(3,-\sqrt{3})$的圆的方程.

解 如图4.1,已知圆的圆心为点$S(1,0)$,半径为1.通过已知点$T(3,-\sqrt{3})$,并且与已知直线$l:x+\sqrt{3}y=0$垂直的直线m的方程为

$$y=\sqrt{3}x-4\sqrt{3}$$

因所求圆的圆心必在直线m上,所以圆心的坐标满足m的方程,因此可设这圆心的坐标为$(a,(a-4)\sqrt{3})$.所求圆心与已知点T的距离等于这圆的半径,所以这半径为

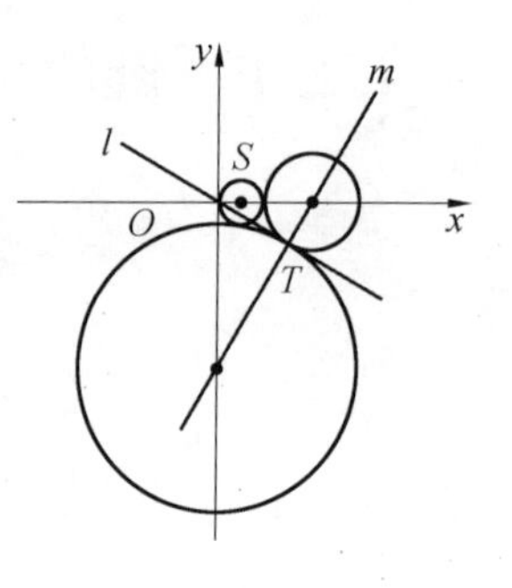

图4.1

$$\begin{aligned}&\sqrt{(a-3)^2+[(a-4)\sqrt{3}+\sqrt{3}]^2}\\=&\sqrt{(a-3)^2+[(a-3)\sqrt{3}]^2}\\=&2\mid a-3\mid\end{aligned}$$

所求的圆显然只能与已知圆外切,所以所求圆的圆心与已知圆的圆心的距离等于它们的半径的和,即

$$\sqrt{(a-1)^2+[(a-4)\sqrt{3}]^2}=2\mid a-3\mid+1$$

(1) 当 $a \geqslant 3$ 时,有

$$\sqrt{(a-1)^2+[(a-4)\sqrt{3}]^2}=2a-5$$

两端平方得

$$a^2-2a+1+3a^2-24a+48=4a^2-20a+25$$

由此得 $a=4$,所以所求圆心坐标为$(4,0)$,半径为 $2|4-3|=2$,所以所求圆的方程为

$$(x-4)^2+y^2=2^2$$

即

$$x^2+y^2-8x+12=0$$

(2) 当 $a<3$ 时,有

$$\sqrt{(a-1)^2+[(a-4)\sqrt{3}]^2}=7-2a$$

两端平方得

$$a^2-2a+1+3a^2-24a+48=49-28a+4a^2$$

由此得 $a=0$,所以所求圆心坐标为$(0,-4\sqrt{3})$,半径为 $2|0-3|=6$,所以所求圆的方程为

$$x^2+(y+4\sqrt{3})^2=6^2$$

即

$$x^2+y^2+8\sqrt{3}y+12=0$$

所以满足条件的圆有两个:$x^2+y^2-8x+12=0$ 和 $x^2+y^2+8\sqrt{3}y+12=0$(图 4.1).

例 4.2　已知$\triangle ABO$的边 $OA=3$,$OB=4$,$AB=5$,P 是$\triangle ABO$的内切圆上的任意点,求 $|PA|^2+|PB|^2+|PO|^2$ 的最大值和最小值.

解　由于三角形的边长分别为3,4,5,所以它是直角三角形,因此可以按图 4.2 建立直角坐标系.显然内切圆的圆心 S 的两个坐标相等,所以可设 S 的坐标为(a,a).由于 S 到 AB:$4x+3y-12=0$ 的距离为 a,所以有

$$\frac{|4a+3a-12|}{\sqrt{4^2+3^2}}=a$$

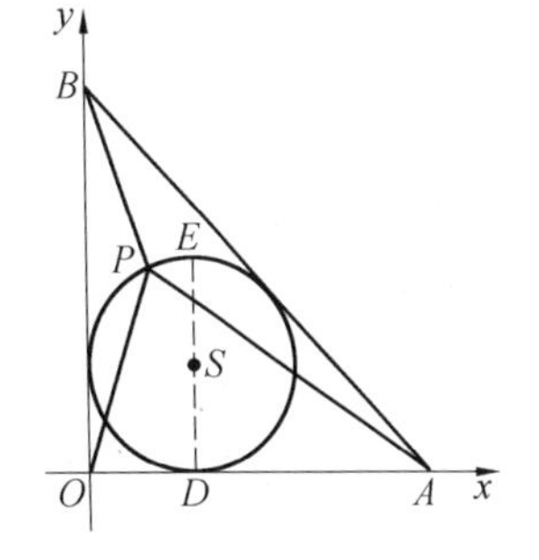

图 4.2

即

$$|7a-12|=5a$$

所以

$$7a-12=\pm 5a$$

由此得

$$a=1$$

或

$$a=6$$

这里只能取 $a=1$(6为$\triangle ABO$的边AB外侧的旁切圆半径),所以内切圆的方程为

$$(x-1)^2+(y-1)^2=1$$

即

$$x^2+y^2-2x-2y+1=0$$

(求这内切圆的方程时,也可利用平面几何中的一个简单事实:直角三角形的内切圆的直径等于两直角边的和减去斜边所得的差)设点 P 的坐标为(X,Y),因它在内切圆上,所以有

$$X^2+Y^2-2X-2Y+1=0 \tag{4.5}$$

又

$$|PA|^2=(X-3)^2+Y^2$$
$$|PB|^2=X^2+(Y-4)^2$$
$$|PO|^2=X^2+Y^2$$

所以

$$\begin{aligned}&|PA|^2+|PB|^2+|PO|^2\\=&(X-3)^2+Y^2+X^2+(Y-4)^2+X^2+Y^2\\=&3X^2+3Y^2-6X-8Y+25\end{aligned} \tag{4.6}$$

而由(4.5)得 $3X^2+3Y^2-6X=6Y-3$,代入(4.6)得

$$|PA|^2+|PB|^2+|PO|^2=2(11-Y)$$

但因 Y 是内切圆 S 上点 P 的纵坐标,所以 $0\leqslant Y\leqslant 2$,所以

$$18\leqslant|PA|^2+|PB|^2+|PO|^2\leqslant 22$$

可见当 $Y=0$ 时,即 P 重合于圆 S 与 OA 的切点 D 时,$|PA|^2+|PB|^2+|PO|^2$ 取得最大值22,当 $Y=2$ 时,即 P 重合于 D 的对径点 E 时,$|PA|^2+|PB|^2+|PO|^2$ 取得最小值18(图4.2).

例4.3 设 a 为任意非0的实数,证明:$x^2+y^2-2ax-4ay+\frac{9}{2}a^2=0$ 所表示的一切圆:

(1) 圆心都在直线 $y=2x$ 上；

(2) 求方程所表示的一切圆的公切线的方程.

解　(1) 已知圆的圆心的坐标为$(a,2a)$,可见圆心都在直线 $y=2x$ 上.

(2) 如图 4.3，对任意一个圆来说，圆心为$(a, 2a)$,半径为$\sqrt{(-a)^2+(-2a)^2-4\frac{1}{2}a^2}=\frac{\sqrt{2}}{2}|a|$. 从圆心与半径来看,当 a 的绝对值越小,不仅圆越小,而且圆心离原点越近. 可以想象出,各圆的公切线应该是通过原点的. 通过原点作以$(a,2a)$ 为圆心,半径为$\frac{\sqrt{2}|a|}{2}$的圆的两条切线,则每条切线与直线 l:$y=2x$ 的夹角的正弦为$\frac{\sqrt{2}|a|}{2\sqrt{a^2+(2a)^2}}=\frac{\sqrt{10}}{10}$,所以这两个夹角的正切为$\frac{1}{3}$. 设切线 t_1 的斜率为 k,则

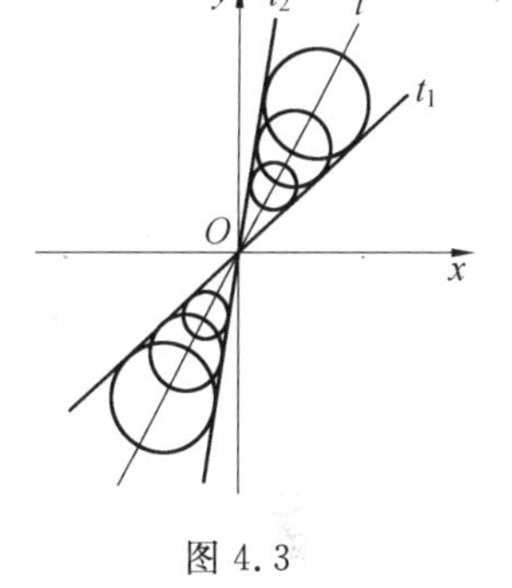

图 4.3

$$\frac{2-k_1}{1+2k_1}=\frac{1}{3}$$

所以 $k_1=1$,所以直线 t_1 的方程为

$$y=x$$

设切线 t_2 的斜率为 k_2,则

$$\frac{k_2-2}{1+2k_2}=\frac{1}{3}$$

所以 $k_2=7$,所以直线 t_2 的方程为

$$y=7x$$

以上的结果说明,对所给方程表示的任何圆来说,两条确定直线 $y=x$ 与 $y=7x$ 都是它们的切线,所以所给方程表示的一切圆的公切线的方程为 $y=x$ 和 $y=7x$.

4.3　点和圆的相关位置

定理 4.3　设点 M 的坐标为(x_0,y_0),圆 S 的方程为 $x^2+y^2+2Dx+2Ey+F=0$,则:

(1) 当点 M 在圆 S 上时,$x_0^2+y_0^2+2Dx_0+2Ey_0+F=0$;

(2) 当点 M 在圆 S 内时，$x_0^2+y_0^2+2Dx_0+2Ey_0+F<0$；

(3) 当点 M 在圆 S 外时，$x_0^2+y_0^2+2Dx_0+2Ey_0+F>0$. 并且反过来也成立.

推论　设点 M 的坐标为 (x_0,y_0)，圆 O 的方程为 $x^2+y^2=r^2$，则：

(1) $x_0^2+y_0^2=r^2 \Leftrightarrow$ 点 M 在圆 O 上；

(2) $x_0^2+y_0^2<r^2 \Leftrightarrow$ 点 M 在圆 O 内；

(3) $x_0^2+y_0^2>r^2 \Leftrightarrow$ 点 M 在圆 O 外；

注意　应用以上定理及推论判定点和圆的相关位置时，圆的方程必须是 $x^2+y^2+2Dx+2Ey+F=0$ 或 $x^2+y^2=r^2$ 这种形式的；如果不是这种形式，要先变成这种形式，然后去判定.

4.4 圆的切线

4.4.1 圆上一点的切线方程

定理4.4　圆 $x^2+y^2+2Dx+2Ey+F=0$ 上一点 (x_0,y_0) 的切线方程为

$$x_0x+y_0y+D(x+x_0)+E(y+y_0)+F=0$$

推论　圆 $(x-a)^2+(y-b)^2=r^2$ 上一点 (x_0,y_0) 的切线方程为

$$(x_0-a)(x-a)+(y_0-b)(y-b)=r^2$$

说明　由定理4.4可知：要求圆 $x^2+y^2+2Dx+2Ey+F=0$ 上一点 (x_0,y_0) 的切线方程，只要用 x_0x 代替方程中的 x^2，用 y_0y 代替方程中的 y^2，用 $\frac{1}{2}(x+x_0)$ 代替方程中的 x，用 $\frac{1}{2}(y+y_0)$ 代替方程中的 y，而圆方程中的系数、常数一概不动，就得到圆在已知点的切线方程，这个法则叫作“替换法则”. 对于圆的标准方程 $(x-a)^2+(y-b)^2=r^2$ 来说，不能用上述法则求圆上一点的切线方程，而必须用推论.

例4.4　已知直线 $x+6y-10=0$ 是圆 $x^2+y^2-6x+10y-3=0$ 的切线，求切点的坐标.

解法1　解方程组

$$\begin{cases}x+6y-10=0\\x^2+y^2-6x+10y-3=0\end{cases}$$

得(二重)解 $x=4,y=1$,即切点的坐标为$(4,1)$.

解法2　设切点为(x_0,y_0),则已知圆在这点的切线方程为

$$x_0x+y_0y-3(x+x_0)+5(y+y_0)-3=0$$

即

$$(x_0-3)x+(y_0+5)y-3x_0+5y_0-3=0$$

由于它和 $x+6y-10=0$ 表示同一条直线,所以

$$\frac{x_0-3}{1}=\frac{y_0+5}{6}=\frac{-3x_0+5y_0-3}{-10}$$

由此得方程组

$$\begin{cases}6x_0-y_0-23=0\\7x_0+5y_0-33=0\end{cases}$$

解这个方程组,得 $x_0=4,y_0=1$,即切点的坐标为$(4,1)$.

4.4.2　圆的已知斜率的切线方程

定理4.5　若圆 $x^2+y^2=r^2$ 的切线的斜率为 k,那么切线方程为

$$y=kx\pm r\sqrt{1+k^2}$$

证法1　由于切线的斜率为 k,因此可设切线方程为

$$y=kx+b$$

方程组

$$\begin{cases}y=kx+b\\x^2+y^2=r^2\end{cases}$$

应有两个相同的解.用代入法消去 y 得 x 的二次方程

$$(1+k^2)x^2+2kbx+b^2-r^2=0$$

这个二次方程必有两个相同的实根,所以根的判别式

$$\Delta=4k^2b^2-4(1+k^2)(b^2-r^2)=0$$

由这个等式解出 b,得

$$b=\pm r\sqrt{1+k^2}$$

所以斜率为 k 的切线方程为

$$y=kx\pm r\sqrt{1+k^2}$$

证法2　设切点为(x_0,y_0),则切线方程为

$$x_0x+y_0y=r^2$$

它的斜率为$-\frac{x_0}{y_0}$,这斜率等于k,所以有

$$-\frac{x_0}{y_0}=k$$

则

$$x_0+ky_0=0 \tag{4.7}$$

又因切点(x_0,y_0)在已知圆上,所以有

$$x_0^2+y_0^2=r^2 \tag{4.8}$$

解式(4.7)和式(4.8)组成的方程组,得两个解

$$\begin{cases}x_0=\dfrac{-kr}{\sqrt{1+k^2}}\\ y_0=\dfrac{r}{\sqrt{1+k^2}}\end{cases},\quad \begin{cases}x'_0=\dfrac{kr}{\sqrt{1+k^2}}\\ y_0=\dfrac{-r}{\sqrt{1+k^2}}\end{cases}$$

所以斜率为k的切线的方程为

$$\mp\frac{kr}{\sqrt{1+k^2}}x\pm\frac{r}{\sqrt{1+k^2}}y=r^2$$

即

$$y=kx\pm r\sqrt{1+k^2}$$

例4.5 从圆$x^2+y^2=10$外一点$M(4,2)$引这圆的两条切线,求这两条切线的夹角.

解 设通过点M的切线的斜率为k,则切线方程为

$$y=kx\pm\sqrt{10}\sqrt{1+k^2}$$

因切线通过已知点$M(4,2)$,所以有

$$2=4k\pm\sqrt{10}\sqrt{1+k^2}$$

即

$$2-4k=\pm\sqrt{10(1+k^2)}$$

两端平方得

$$3k^2-8k-3=0$$

解这个方程,得$k_1=-\frac{1}{3}$和$k_2=3$.这是从点M引的已知圆的两条切线的斜率.由这两个斜率可求出两切线的夹角,恰巧$k_1\cdot k_2=-1$,所以两条切线的夹角为$90°$.

4.4.3 从已知点到已知圆引的切线的方程

定理 4.6 从已知点(x_0, y_0)到已知圆 $x^2+y^2=r^2$ 引的切线的方程为

$$(x_0^2+y_0^2-r^2)(x^2+y^2-r^2)=(x_0x+y_0y-r^2)^2$$

证明 设从已知点(x_0, y_0)到已知圆 $x^2+y^2=r^2$ 引的切线的方程为

$$y-y_0=k(x-x_0) \tag{4.9}$$

只要解决了斜率 k 的问题,就得到切线的方程.由于切线和已知圆有两个重合的公共点,所以方程组

$$\begin{cases}y-y_0=k(x-x_0)\\x^2+y^2=r^2\end{cases}$$

有两个相同的解.消去 y,得

$$x^2+[k(x-x_0)+y_0]^2=r^2$$

即

$$(1+k^2)x^2-2k(kx_0-y_0)x+(kx_0-y_0)^2-r^2=0$$

由于这个 x 的二次方程有两个相同的实根,所以根的判别式

$$4k^2(kx_0-y_0)^2-4(1+k^2)[(kx_0-y_0)^2-r^2]=0$$

即

$$(x_0^2-r^2)k^2-2x_0y_0k+(y_0^2-r^2)=0 \tag{4.10}$$

由(4.10)确定的 k 的值即是从已知点到已知圆引的切线的斜率.但我们不必求出切线的斜率,也可以求出切线的方程.由(4.9)和(4.10)消去 k,得

$$(x_0^2-r^2)\left(\frac{y-y_0}{x-x_0}\right)^2-2x_0y_0\left(\frac{y-y_0}{x-x_0}\right)+(y_0^2-r^2)=0$$

即

$$(x_0^2-r^2)(y-y_0)^2-2x_0y_0(x-x_0)(y-y_0)+$$
$$(y_0^2-r^2)(x-x_0)^2=0$$

把中间的一项移到等号右端,然后两边同时加上 $x_0^2(x-x_0)^2+y_0^2(y-y_0)^2$,就得到

$$(x_0^2+y_0^2-r^2)[(x-x_0)^2+(y-y_0)^2]$$
$$=[x_0(x-x_0)+y_0(y-y_0)]^2$$

即

$$(x_0^2+y_0^2-r^2)[(x^2+y^2-r^2)-$$
$$2(x_0x+y_0y-r^2)+(x_0^2+y_0^2-r^2)]$$

$$=[(x_0x+y_0y-r^2)-(x_0^2+y_0^2-r^2)]^2$$

由此得

$$(x_0^2+y_0^2-r^2)(x^2+y^2-r^2)=(x_0x+y_0y-r^2)^2$$

这即是从已知点到已知圆引的两条切线的方程.

例 4.6 求从圆 $x^2+y^2=65$ 外一点 $M(11,3)$ 到这圆上引的每条切线的方程.

解法 1 代公式法. 由定理 4.6,从点 M 到已知圆引的两条切线的方程为

$$(11^2+3^2-65)(x^2+y^2-65)=(11x+3y-65)^2$$

展开得

$$28x^2+33xy-28y^2-715x-195y+4\ 225=0$$

为求出每条切线的方程,需把方程的左端分解因式,得

$$4x+7y-65=0$$

和

$$7x-4y-65=0$$

这即是从已知点到已知圆引的两条切线的方程.

解法 2 先求切点. 设切点的坐标为(x_0,y_0),则切线方程为

$$x_0x+y_0y=65$$

因切线通过已知点 $M(11,3)$,所以有

$$11x_0+3y_0=65 \tag{4.11}$$

又因切点(x_0,y_0)在已知圆上,所以有

$$x_0^2+y_0^2=65 \tag{4.12}$$

解由式(4.11)和式(4.12)组成的方程组得

$$\begin{cases}x_1=4\\y_1=7\end{cases},\begin{cases}x_2=7\\y_2=-4\end{cases}$$

即两切点为(4,7)和(7,-4),所以两切线的方程分别为

$$4x+7y-65=0$$

和

$$7x-4y-65=0$$

解法 3 先求斜率. 设从点 M 引的切线的斜率为 k,那么,切线的方程为

$$y=kx\pm\sqrt{65(1+k^2)}$$

因切线通过已知点 $M(11,3)$,所以有

$$3=11k\pm\sqrt{65(1+k^2)}$$

解这两个无理方程，得

$$k_1=-\frac{4}{7},k_2=\frac{7}{4}$$

所以两切线的方程分别为

$$4x+7y-65=0$$

和

$$7x-4y-65=0$$

4.4.4　从已知点到已知圆引的切线的长

定理 4.7　从已知点 $M(x_0,y_0)$ 到已知圆 $x^2+y^2+2Dx+2Ey+F=0$ 引的切线的长为

$$\sqrt{x_0^2+y_0^2+2Dx_0+2Ey_0+F}$$

说明　用这个定理计算切线长时，圆的方程中的坐标平方项的系数必须是 1.

例 4.7　已知两个同心圆，一个动点到这两个圆引的切线的长和两个已知圆的半径成反比，求动点的轨迹.

解　不妨设两同心圆为

$$x^2+y^2=a^2$$

和

$$x^2+y^2=b^2$$

（这里 $a>0,b>0$，并且 $a\neq b$）设动点为 (x,y)，则由动点到两已知圆引的切线的长各为 $\sqrt{x^2+y^2-a^2}$ 和 $\sqrt{x^2+y^2-b^2}$. 由已知条件得

$$\sqrt{x^2+y^2-a^2}:\sqrt{x^2+y^2-b^2}=b:a$$

由此得

$$x^2+y^2=a^2+b^2$$

这即是动点的轨迹方程，所以动点的轨迹是一个圆，它和两已知圆同心，它的半径等于两已知圆的半径的平方和的算术平方根.

例 4.8　已知三点 $A(1,1)$，$B(5,3)$，$C(3,5)$，求一个圆的方程，这个圆的半径为 1，并且从 A,B,C 到这个圆引的切线的长都相等.

解　因所求圆的半径为 1，所以可设圆的方程为

$$(x-a)^2+(y-b)^2=1$$

由于从 A,B,C 到这个圆引的切线的长都相等,所以有

$$(1-a)^2+(1-b)^2-1=(5-a)^2+(3-b)^2-1$$

和

$$(1-a)^2+(1-b)^2-1=(3-a)^2+(5-b)^2-1$$

这就得到

$$\begin{cases}2a+b-8=0\\a+2b-8=0\end{cases}$$

解这个方程组得 $a=b=\frac{8}{3}$,即所求圆的圆心为$(\frac{8}{3},\frac{8}{3})$,所以所求圆的方程为

$$\left(x-\frac{8}{3}\right)^2+\left(y-\frac{8}{3}\right)^2=1$$

即

$$9x^2+9y^2-48x-48y+119=0$$

4.5 点关于圆的切点弦与极线

4.5.1 点关于圆的切点弦

定义 4.2 从圆外一点 P 引这个圆的两条切线 PQ,PR,通过两个切点 Q 和 R 的直线 QR 叫作点 P 关于这圆的切点弦(图 4.4).

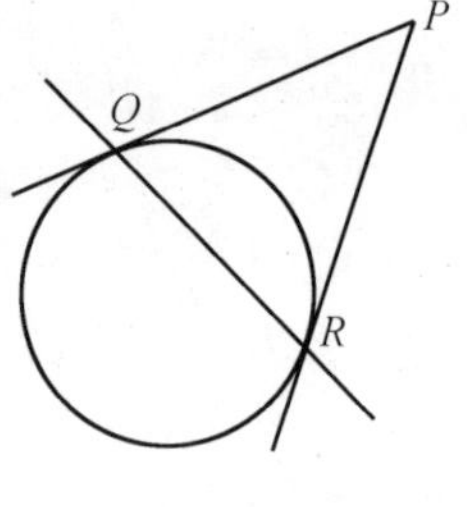

图 4.4

设圆的方程为 $x^2+y^2+2Dx+2Ey+F=0$,$P(x_0,y_0)$ 为圆外一点.从 P 引这个圆的两条切线 PQ,PR,切点分别为 Q,R.设 Q,R 的坐标分别为(x_1,y_1),(x_2,y_2),则切线 PQ 和 PR 的方程分别为

$$x_1x+y_1y+D(x+x_1)+E(y+y_1)+F=0$$

和

$$x_2x+y_2y+D(x+x_2)+E(y+y_2)+F=0$$

由于点 $P(x_0,y_0)$ 在切线 PQ,PR 上,所以下面的两个等式成立,即

$$x_1x_0+y_1y_0+D(x_0+x_1)+E(y_0+y_1)+F=0 \tag{4.13}$$

$$x_2x_0+y_2y_0+D(x_0+x_2)+E(y_0+y_2)+F=0 \tag{4.14}$$

P 关于这圆的切点弦 QR 的方程实际上是

$$x_0x + y_0y + D(x + x_0) + E(y + y_0) + F = 0 \tag{4.15}$$

这是因为,首先(4.15)是x,y的一次方程(x,y项的系数x_0+D,y_0+E不会同时为0,因为$P(x_0,y_0)$不会重合于圆心),所以(4.15)是直线;其次,由于式(4.13)与式(4.14)成立,可见切点Q,R都在(4.15)上,所以(4.15)是P关于这圆的切点弦QR的方程,于是有以下的定理.

定理4.8　圆$x^2+y^2+2Dx+2Ey+F=0$外点$P(x_0,y_0)$关于这圆的切点弦的方程为

$$x_0x + y_0y + D(x + x_0) + E(y + y_0) + F = 0$$

特别地,圆$x^2+y^2=r^2$外点$P(x_0,y_0)$关于这圆的切点弦的方程为

$$x_0x + y_0y = r^2 \tag{4.16}$$

4.5.2　点关于圆的极线

定义4.3　通过一点P作一个圆的任意割线,通过割线与圆的两个交点Q和R分别引这圆的切线,每两条这样的切线的交点T的轨迹p叫作点P关于这个圆的极线.点P叫作极线p关于这个圆的极(图4.5).

定理4.9　点$P(x_0,y_0)$关于圆$x^2+y^2+2Dx+2Ey+F=0$的极线p的方程为

$$x_0x + y_0y + D(x + x_0) + E(y + y_0) + F = 0 \tag{4.17}$$

特别地,点$P(x_0,y_0)$关于圆$x^2+y^2=r^2$的极线的方程为

$$x_0x + y_0y = r^2 \tag{4.18}$$

证明　从点P作这圆的割线和圆相交于点Q,R,通过点Q,R分别引这圆的切线相交于点T,设点T的坐标为(X,Y).因为直线QR是点$T(X,Y)$关于这圆的切点弦,所以直线QR的方程为

$$Xx + Yy + D(x + X) + E(y + Y) + F = 0 \quad (\text{定理}4.8)$$

但由于直线QR通过点$P(x_0,y_0)$,所以有

$$Xx_0 + Yy_0 + D(x_0 + X) + E(y_0 + Y) + F = 0$$

这个等式说明点$T(X,Y)$的坐标满足方程

$$x_0x + y_0y + D(x + x_0) + E(y + y_0) + F = 0$$

这即是点T的轨迹的方程,即P关于已知圆的极线p的方程.

通过P的直线和已知圆的两个交点可能是虚的,但这两个虚交点的两条切线(按定理4.4求切线方程)仍相交于实点.

说明　一点关于一圆的极线的方程的记法与圆上一点的切线方程的记法

或圆外一点关于这圆的切点弦的方程的记法相同.

由定理4.9知道:当一点在圆外时,它关于圆的极线与它关于圆的切点弦一致;当一点在圆上时,它关于圆的极线与圆在这点的切线一致;当一点在圆内时,只要它不重合于圆心,它关于圆的极线是与圆相离的直线(圆心关于圆的极线不存在).

以下证明关于极线的两个基本性质.

定理4.10 若点P关于一个圆的极线p通过点Q,则Q关于这个圆的极线q通过点P.

证明 设圆的方程为$x^2+y^2=r^2$,点P的坐标为(x_1,y_1),点Q的坐标为(x_2,y_2).则点P关于这圆的极线p的方程为

$$x_1x+y_1y=r^2$$

点Q关于这圆的极线q的方程为

$$x_2x+y_2y=r^2$$

由于p通过点Q,所以有

$$x_1x_2+y_1y_2=r^2$$

而这个等式也恰好说明点$P(x_1,y_1)$在q上,即q通过点P.

定理4.11 若点P和点Q关于一个圆的极线p和q相交于点R,则R关于这个圆的极线为直线PQ.

证明 设圆的方程为$x^2+y^2=r^2$,点P的坐标为(x_1,y_1),点Q的坐标为(x_2,y_2),则P和Q关于这个圆的极线p和q的方程分别为

$$x_1x+y_1y=r^2$$

和

$$x_2x+y_2y=r^2$$

设p和q的交点R的坐标为(x_0,y_0),则

$$x_1x_0+y_1y_0=r^2 \tag{4.19}$$

$$x_2x_0+y_2y_0=r^2 \tag{4.20}$$

R关于这个圆的极线的方程为

$$x_0x+y_0y=r^2 \tag{4.21}$$

等式(4.19)表明点P在R关于这圆的极线上,等式(4.20)表明点Q在R关于这圆的极线上,所以R关于这个圆的极线为直线PQ.

例4.9 (1)设点P关于圆(O,r)的极线为p,OP与p相交于点M,求证:OP垂直于p,并且$|OM|\cdot|OP|=r^2$;

(2)应用(1)的结论,作已知点关于已知圆的极线.

证明　(1) 设圆(O,r)的方程为

$$x^2+y^2=r^2$$

异于O的点P的坐标为(x_0,y_0)，则P关于圆(O,r)的极线p的方程为

$$x_0x+y_0y=r^2$$

又直线OP的方程为

$$y_0x-x_0y=0$$

由p与OP的方程可知OP垂直于p.

又$|OM|=\frac{r^2}{\sqrt{x_0^2+y_0^2}}$，$|OP|=\sqrt{x_0^2+y_0^2}$，所以

$$|OM|\cdot|OP|=r^2$$

(2) 由(1)的结论得到作已知点P关于已知圆(O,r)的极线的一种方法：如图4.6，联结OP，在线段OP或OP的延长线上取一点M，使$|OM|\cdot|OP|=r^2$(利用射影定理). 通过点M作OP的垂线p，则p为点P关于圆(O,r)的极线.

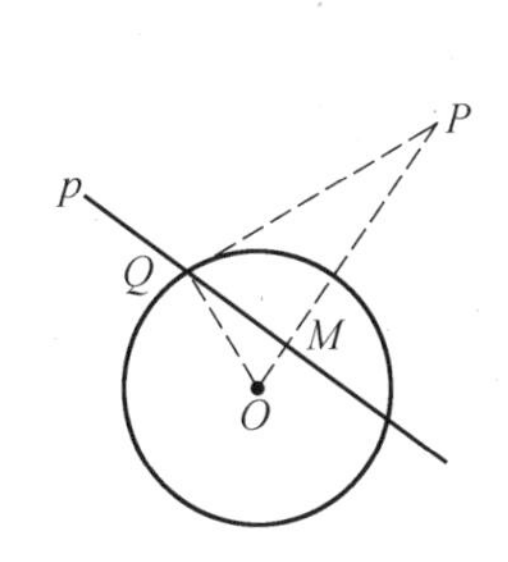

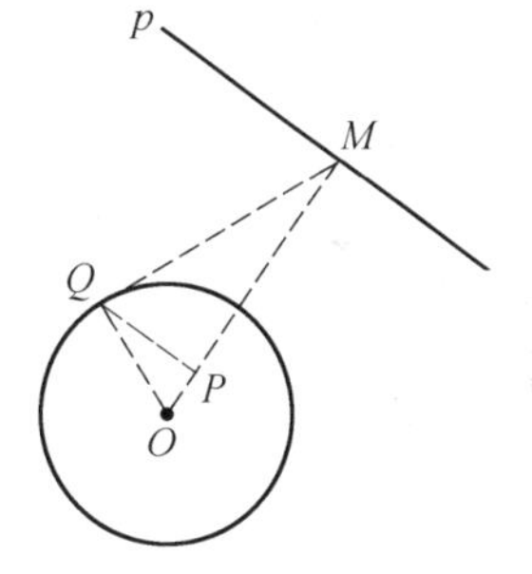

图4.6

说明　已知极线p，仿上法可作出极P.

例4.10　已知两点P，Q和圆O，点P关于圆O的极线为p，点Q关于圆O的极线为q，点P到q的距离为h_1，点Q到p的距离为h_2，求证

$$h_1:h_2=|OP|:|OQ|$$

证明　如图4.7建立直角坐标系. 设圆O的方程为

$$x^2+y^2=r^2$$

设点P的坐标为(x_1,y_1)，点Q的坐标为(x_2,y_2)，则极线p的方程为

$$x_1x+y_1y=r^2$$

极线q的方程为

$$x_2x+y_2y=r^2$$

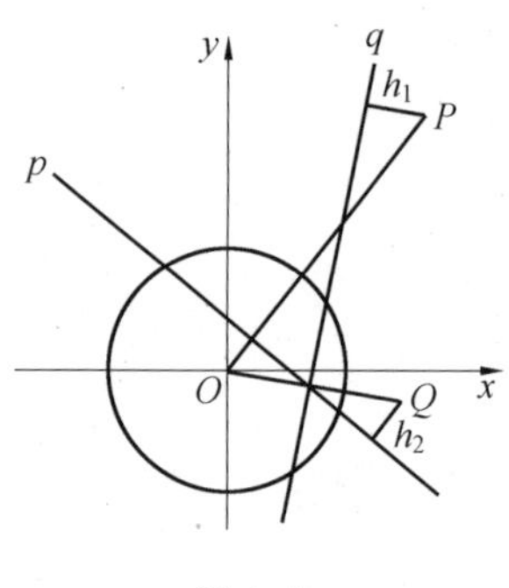

图 4.7

所以

$$h_1=\frac{|x_2x_1+y_2y_1-r^2|}{\sqrt{x_2^2+y_2^2}}$$

$$h_2=\frac{|x_1x_2+y_1y_2-r^2|}{\sqrt{x_1^2+y_1^2}}$$

从而

$$h_1:h_2=\sqrt{x_1^2+y_1^2}:\sqrt{x_2^2+y_2^2}=|OP|:|OQ|$$

4.6 共轴圆系

与直线系的意义相仿,具有某些共同性质的圆(曲线)的集合叫作一个圆系(曲线系).在圆系中最重要的一种是共轴圆系.

4.6.1 共轴圆系

为了解共轴圆系,我们分五部分来讨论.

1.点对于圆的幂

定义 4.4 一点 P 对于圆 (O,r) 的幂,是指点 P 与圆心 O 的距离的平方减去圆的半径 r 的平方所得的差,即

$$\text{点 } P \text{ 对于圆}(O,r)\text{ 的幂}=|OP|^2-r^2$$

由定义立即知道:当点 P 在圆外时,它对于圆的幂是一个正数;当点 P 在圆上时,它对于圆的幂是 0;当点 P 在圆内时,它对于圆的幂是一个负数.并且反

过来也成立.

点对于圆的幂还有另外一个定义.

定义 4.5　已知点 P 和圆(O,r),通过点 P 作这圆的割线和这圆相交于点 A,B,则有向线段$\overline{PA}$ 与$\overline{PB}$ 的数值的乘积 $PA \cdot PB$ 叫作点 P 对于圆(O,r) 的幂.

对于这个定义,我们说明几个问题:

(1) 由初等几何的圆幂定理可知,当点 P 和圆(O,r) 的相关位置确定了时,点 P 对于圆(O,r) 的幂也随之而定.

(2) 当点 P 在圆(O,r) 外时,由于有向线段$\overline{PA}$ 与$\overline{PB}$ 同向,所以点 P 对于圆(O,r) 的幂 $PA \cdot PB$ 是一个正数;当点 P 在圆(O,r) 上时,由于有向线段$\overline{PA}$ 与$\overline{PB}$ 之一为零有向线段,所以点 P 对于圆(O,r) 的幂 $PA \cdot PB$ 是 0;当点 P 在圆(O,r) 内时,由于有向线段$\overline{PA}$ 与$\overline{PB}$ 反向,所以点 P 对于圆(O,r) 的幂 $PA \cdot PB$ 是一个负数,并且反过来也成立.

(3) 点对于圆的幂的以上两个定义等价. 如图 4.8,当点 P 在圆(O,r) 外时,从 P 作圆(O,r) 的切线 PT(T 为切点),则

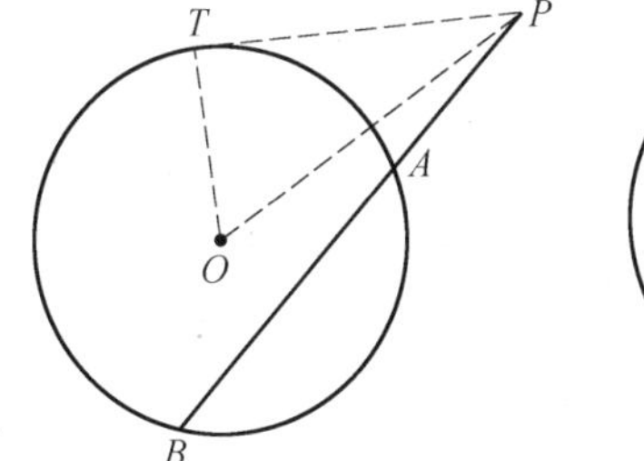

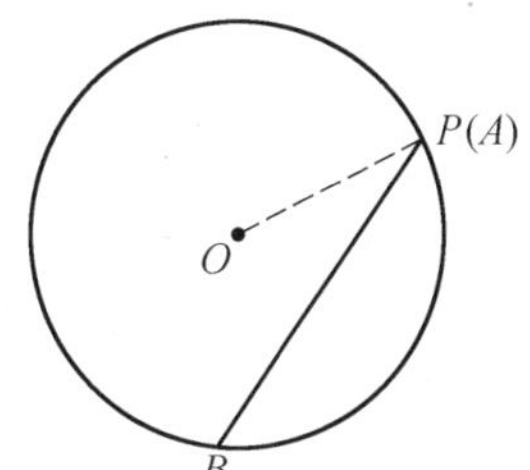

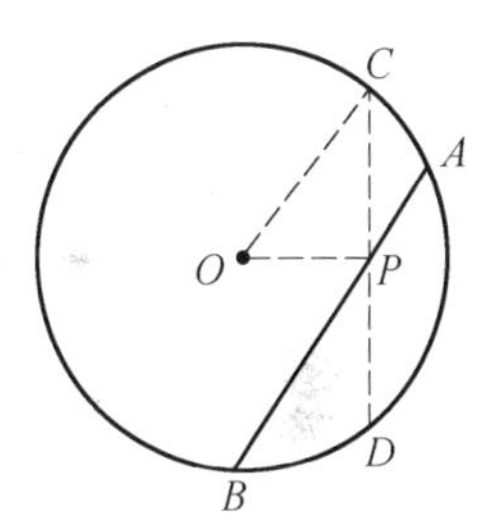

图 4.8

$$PA \cdot PB = |PT|^2 = |OP|^2 - r^2$$

当点 P 在圆(O,r) 上时

$$PA \cdot PB = 0 \cdot PB = 0$$

$$|OP|^2 - r^2 = 0$$

所以

$$PA \cdot PB = |OP|^2 - r^2$$

当点 P 在圆(O,r) 内时,通过点 P 作弦 CD 垂直于 OP,则

$$\begin{aligned} PA \cdot PB &= PC \cdot PD \\ &= -|PC|^2 \quad (\text{因}\overline{PC},\overline{PD}\text{ 反向}) \\ &= -(r^2 - |OP|^2) \\ &= |OP|^2 - r^2 \end{aligned}$$

所以在每种情形下两个定义都一致.

2.两个圆的根轴

现在来考虑对于两个不同心的圆

$$x^2+y^2+2D_1x+2E_1y+F_1=0 \tag{4.22}$$

和

$$x^2+y^2+2D_2x+2E_2y+F_2=0 \tag{4.23}$$

有相等的幂的点的轨迹.这两个圆的圆心分别为$(-D_1,-E_1)$和$(-D_2,-E_2)$,半径分别为$\sqrt{D_1^2+E_1^2-F_1}$和$\sqrt{D_2^2+E_2^2-F_2}$.设点$P(x,y)$对于这两个圆有相等的幂,则点P的坐标满足

$$[x-(-D_1)]^2+[y-(-E_1)]^2-[\sqrt{D_1^2+E_1^2-F_1}]^2$$
$$=[x-(-D_2)]^2+[y-(-E_2)]^2-[\sqrt{D_2^2+E_2^2-F_2}]^2$$

化简得

$$2(D_1-D_2)x+2(E_1-E_2)y+F_1-F_2=0 \tag{4.24}$$

因两已知圆不同心,所以D_1-D_2与E_1-E_2至少有一个不为0,所以(4.24)是一条直线.这就证明了对于圆(4.22)和圆(4.23)有相等的幂的点都在直线(4.24)上.

反过来也容易证明,凡直线(4.24)上的点对于圆(4.22)和圆(4.23)有相等的幂.

因此我们有以下的定理.

定理4.12 对于不同心的圆(4.22)和圆(4.23)有相等的幂的点的轨迹是直线

$$2(D_1-D_2)x+2(E_1-E_2)y+F_1-F_2=0$$

由这个定理我们给出以下的定义.

定义4.6 对于两个不同心的圆有相等的幂的点的轨迹——一条直线,叫作这两个圆的根轴(等幂轴).

由定理4.12知道,由两个已知圆的方程消去二次项所得的一次方程就是两个已知圆的根轴的方程,并知同心圆的根轴不存在.由根轴的定义可知,两个圆的根轴上不在两个圆内的部分是到这两个圆有等长切线的点的轨迹.这是因为当根轴上的点在圆外或圆上时,点对于圆的幂的算术平方根恰是从这点到圆上引的切线的长.

3. 两个圆的根轴的性质

定理 4.13　两个圆的根轴垂直于这两个圆的连心线.

定理 4.14　当两个圆相交时,它们的根轴通过它们的两个交点;当两个圆相切时,它们的根轴通过切点并且和这两个圆都相切;当两个圆相离时,它们的根轴和这两个圆都相离(图 4.9).

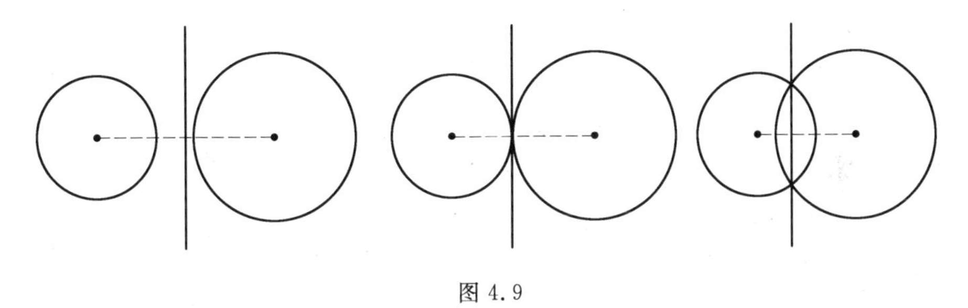

图 4.9

证明　由于两个圆 $x^2+y^2+2D_1x+2E_1y+F_1=0$ 和 $x^2+y^2+2D_2x+2E_2y+F_2=0$ 的根轴的方程 $2(D_1-D_2)x+2(E_1-E_2)y+F_1-F_2=0$ 是消去两个已知圆的方程中的二次项得到的,因此方程组

$$\begin{cases}x^2+y^2+2D_1x+2E_1y+F_1=0\\x^2+y^2+2D_2x+2E_2y+F_2=0\end{cases}$$

和

$$\begin{cases}x^2+y^2+2D_1x+2E_1y+F_1=0\\2(D_1-D_2)x+2(E_1-E_2)y+F_1-F_2=0\end{cases}$$

以及

$$\begin{cases}x^2+y^2+2D_2x+2E_2y+F_2=0\\2(D_1-D_2)x+2(E_1-E_2)y+F_1-F_2=0\end{cases}$$

都是同解方程组,所以两个已知圆的交点与根轴和每个圆的交点完全相同,从而定理的结论成立.

4. 三个圆的根心

设有三个已知圆

$$x^2+y^2+2D_1x+2E_1y+F_1=0$$

$$x^2+y^2+2D_2x+2E_2y+F_2=0$$
$$x^2+y^2+2D_3x+2E_3y+F_3=0$$

每两个圆都不同心,那么,每两个圆都有一条根轴,这三条根轴为

$$2(D_1-D_2)x+2(E_1-E_2)y+F_1-F_2=0$$
$$2(D_2-D_3)x+2(E_2-E_3)y+F_2-F_3=0$$
$$2(D_3-D_1)x+2(E_3-E_1)y+F_3-F_1=0$$

考虑三阶行列式

$$\begin{vmatrix} 2(D_1-D_2) & 2(E_1-E_2) & F_1-F_2 \\ 2(D_2-D_3) & 2(E_2-E_3) & F_2-F_3 \\ 2(D_3-D_1) & 2(E_3-E_1) & F_3-F_1 \end{vmatrix}$$

把第二行、第三行加到第一行,得

$$\begin{vmatrix} 0 & 0 & 0 \\ 2(D_2-D_3) & 2(E_2-E_3) & F_2-F_3 \\ 2(D_3-D_1) & 2(E_3-E_1) & F_3-F_1 \end{vmatrix}=0$$

由此可知,三个已知圆的三条根轴的相关位置有以下几种可能:共点、两两平行、完全重合、两条重合另一条和它们相交或平行.但最后两种情形实际上不会出现.事实上,设根轴

$$2(D_1-D_2)x+2(E_1-E_2)y+F_1-F_2=0$$

与

$$2(D_2-D_1)x+2(E_2-E_3)y+F_2-F_3=0$$

重合,则有

$$\frac{D_1-D_2}{D_2-D_3}=\frac{E_1-E_2}{E_2-E_3}=\frac{F_1-F_2}{F_2-F_3}$$

用合比定理,得

$$\frac{(D_1-D_2)+(D_2-D_3)}{D_2-D_3}=\frac{(E_1-E_2)+(E_2-E_3)}{E_2-E_3}=\frac{(F_1-F_2)+(F_2-F_3)}{F_2-F_3}$$

即

$$\frac{D_3-D_1}{D_2-D_3}=\frac{E_3-E_1}{E_2-E_3}=\frac{F_3-F_1}{F_2-F_3}$$

这说明根轴 $2(D_3-D_1)x+2(E_3-E_1)y+F_3-F_1=0$ 与根轴 $2(D_2-D_3)x+2(E_2-E_3)y+F_2-F_3=0$ 重合,从而三条根轴重合在一起,于是我们有以下的

定理.

定理 4.15　三个圆的三条根轴或者彼此不重合但相交于一点,或者两两平行,或者完全重合(图 4.10).

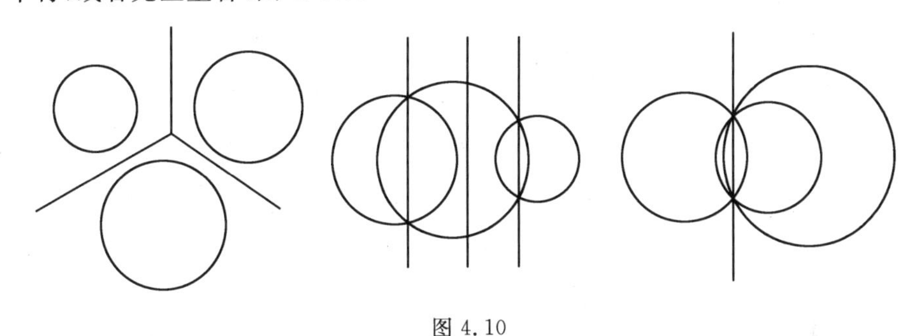

图 4.10

定义 4.7　当三个圆的三条根轴相交于一点时,这交点叫作这三个圆的根心(等幂心).

显然,当三个圆的根心在圆外时,它到这三个圆有等长的切线.

5. 共轴圆系

定义 4.8　每次取两个圆,这两个圆的根轴都是某一条确定直线,那么,所有这种圆的集合叫作一个共轴圆系(同根圆系、圆束),该确定直线叫作这个共轴圆系的根轴(等幂轴).

定理 4.16　由两个不同心的已知圆

$$x^2+y^2+2D_1x+2E_1y+F_1=0 \tag{4.25}$$

和

$$x^2+y^2+2D_2x+2E_2y+F_2=0 \tag{4.26}$$

确定的共轴圆系的方程为

$$\begin{aligned}&\lambda(x^2+y^2+2D_1x+2E_1y+F_1)+\\&\mu(x^2+y^2+2D_2x+2E_2y+F_2)=0\end{aligned} \tag{4.27}$$

这里 λ 和 μ 不同时为 0,并且 $\lambda\neq-\mu$.

证明　(4.25) 和(4.26) 这两个圆的根轴为

$$2(D_1-D_2)x+2(E_1-E_2)y+F_1-F_2=0 \tag{4.28}$$

我们在(4.27) 中任取两个圆(包括(4.25) 或(4.26))

$$\lambda_1(x^2+y^2+2D_1x+2E_1y+F_1)+$$

$$\mu_1(x^2+y^2+2D_2x+2E_2y+F_2)=0$$

和

$$\lambda_2(x^2+y^2+2D_1x+2E_1y+F_1)+$$
$$\mu_2(x^2+y^2+2D_2x+2E_2y+F_2)=0$$

即

$$(\lambda_1+\mu_1)(x^2+y^2)+2(\lambda_1D_1+\mu_1D_2)x+$$
$$2(\lambda_1E_1+\mu_2E_2)y+\lambda_1F_1+\mu_1F_2=0 \tag{4.29}$$

和

$$(\lambda_2+\mu_2)(x^2+y^2)+2(\lambda_2D_1+\mu_2D_2)x+$$
$$2(\lambda_2E_1+\mu_2E_2)y+\lambda_2F_1+\mu_2F_2=0 \tag{4.30}$$

用 $\lambda_2+\mu_2$ 乘(4.29) 的各项,用 $\lambda_1+\mu_1$ 乘(4.30) 的各项,然后相减,便得

$$2(D_1-D_2)x+2(E_1-E_2)y+F_1-F_2=0$$

这就证明了(4.27) 的每两个圆的根轴都是(4.28).

反过来,凡和圆(4.25)(或圆(4.26)) 以直线(4.28) 为根轴的任何圆也一定被包含在(4.27) 内.事实上,设圆

$$x^2+y^2+2D_0x+2E_0y+F_0=0 \tag{4.31}$$

和圆(4.25) 以直线(4.28) 为根轴,即

$$2(D_1-D_0)x+2(E_1-E_0)y+F_1-F_0=0$$

和(4.28) 表示同一直线,所以有

$$\frac{D_1-D_0}{D_1-D_2}=\frac{E_1-E_0}{E_1-E_2}=\frac{F_1-F_0}{F_1-F_2}$$

设这个比为 k,由此得

$$D_0=(1-k)D_1+kD_2$$
$$E_0=(1-k)E_1+kE_2$$
$$F_0=(1-k)F_1+kF_2$$

因此圆(4.31) 即是

$$x^2+y^2+2[(1-k)D_1+kD_2]x+$$
$$2[(1-k)E_1+kE_2]y+(1-k)F_1+kF_2=0$$

即

$$(1-k)(x^2+y^2+2D_1x+2E_1y+F_1)+$$
$$k(x^2+y^2+2D_2x+2E_2y+F_2)=0$$

这即是说,只要取 $\lambda=1-k,\mu=k$,那么,由(4.27) 得到的圆刚好就是圆(4.31),这就证明了满足条件的一切圆都包含在(4.27) 内了,所以(4.27) 是由

圆(4.25)和圆(4.26)确定的共轴圆系的方程.

说明　(1) 当圆(4.25)和圆(4.26)相交时,(4.27)是通过(4.25)和(4.26)的交点的圆系的方程;当圆(4.25)和圆(4.26)相切时,(4.27)是和(4.25),(4.26)相切于同一点的圆系的方程;当圆(4.25)和圆(4.26)相离时,(4.27)是和(4.25),(4.26)都相离((4.27)彼此都相离)的圆系的方程.

(2) 有时为简单起见,把圆(4.25)和圆(4.26)确定的共轴圆系的方程表示为

$$\begin{aligned}&\lambda(x^2+y^2+2D_1x+2E_1y+F_1)+\\&(x^2+y^2+2D_2x+2E_2y+F_2)=0\end{aligned}\tag{4.27'}$$

或

$$\begin{aligned}&x^2+y^2+2D_1x+2E_1y+F_1+\\&\mu(x^2+y^2+2D_2x+2E_2y+F_2)=0\end{aligned}\tag{4.27''}$$

实际上,(4.27′)丢掉了圆系中应有的圆(4.25),(4.27″)丢掉了圆系中应有的圆(4.26),因此严格地说(4.27′)或(4.27″)并不完备. 但(4.27′)或(4.27″)在具体问题中用起来比较方便,因此也就常被采用. 如果圆(4.25)或(4.26)是问题的解,要补充进去.

定理4.16讨论的是一般情形,下面的定理4.17在讨论问题时用起来更简便,且不会失掉结论的一般性.

定理4.17　圆心位于 x 轴上,以 y 轴为根轴的共轴圆系的方程为

$$x^2+y^2+2kx+F=0\tag{4.32}$$

这里 k 是参数,可以取任意实数,F 是某个常数,对应于不同的 F,有不同的共轴圆系.

例如,方程

$$x^2+y^2+2kx-5=0$$
$$x^2+y^2+2kx=0$$
$$x^2+y^2+2kx+3=0$$

都是圆心位于 x 轴上,并且以 y 轴为根轴的共轴圆系的方程. 方程(4.32)中的常数 F 决定这个圆系的类型. 事实上,我们容易知道,这个圆系的各圆都和它的根轴(y 轴)相交于定点$(0,\pm\sqrt{-F})$,由此可知:

(1) 当 $F<0$ 时,圆系的各圆和根轴(y 轴)有两个不同的实交点$(0,-\sqrt{-F})$和$(0,\sqrt{-F})$,这种共轴圆系属于相交类(或叫作椭圆型的).

(2) 当 $F=0$ 时,圆系的各圆和根轴(y 轴)有两个相同的公共点$(0,0)$,即圆

系的各圆都和根轴相切于一点,这种共轴圆系属于相切类(或叫作抛物线型的).

(3) 当 $F>0$ 时,圆系的各圆和根轴(y 轴)以及这些圆彼此之间都没有公共点,这种共轴圆系属于相离类(或叫作双曲线型的).

上面举出的三个具体方程依次是椭圆型的、抛物线型的、双曲线型的共轴圆系的方程.三种类型的共轴圆系如图 4.11 所示.

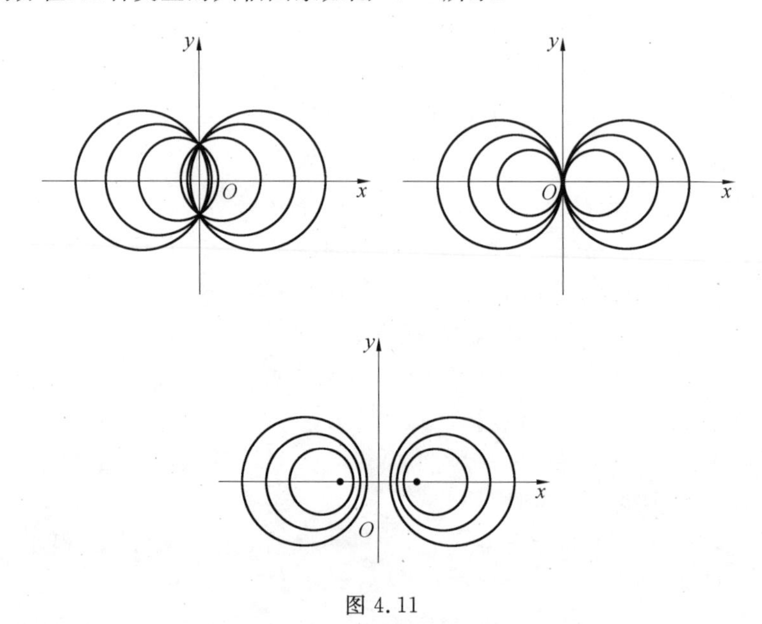

图 4.11

共轴圆系

$$x^2+y^2+2kx+F=0$$

中各圆的圆心为$(-k,0)$,半径为$\sqrt{k^2-F}$.

当 $k^2=F$,即 $k=\pm\sqrt{F}$ 时,我们得到两个点圆,这两个点圆的圆心为$(-\sqrt{F},0)$ 和$(\sqrt{F},0)$,也即是点$(-\sqrt{F},0)$ 和$(\sqrt{F},0)$ 是属于圆系的两个点圆.我们把这两个点叫作圆系的两个极限点.

当 $F<0$ 时,即圆系属于相交类时,两个极限点是虚的,也可以说没有极限点.

当 $F=0$ 时,即圆系属于相切类时,两个极限点是实的,并且重合于各圆与根轴的切点,也可以说这个圆系恰有一个极限点.

当 $F>0$ 时,即圆系属于相离类时,这个圆系有两个不重合的实极限点,这时也说这个共轴圆系属于极限点类.

例 4.11　求点 $P(3,4)$ 对于圆 $x^2+y^2-2x+4y=0$ 的幂.

解　已知圆的圆心为 $S(1,-2)$，半径 $r=\sqrt{5}$，所以点 P 对于已知圆的幂为

$$|SP|^2-r^2=[(3-1)^2+(4+2)^2]-(\sqrt{5})^2=35$$

例 4.12　求圆 $x^2+y^2-7x+6y-5=0$ 和 $2x^2+2y^2+3x-4y+1=0$ 的根轴的方程.

解　用 2 乘以第一个方程的各项，然后与第二个方程相减，便得两个已知圆的根轴的方程，即

$$17x-16y+11=0$$

例 4.13　求三个圆 $x^2+y^2-4x=0$，$x^2+y^2+6x-8y=0$ 和 $x^2+y^2+6x-8=0$ 的根心.

解　前两个圆的根轴为 $5x-4y=0$，后两个圆的根轴为 $y-1=0$. 这两条根轴的交点为$\left(\frac{4}{5},1\right)$，这即是三个已知圆的根心.

例 4.14　求通过圆 $x^2+y^2+4x-14y-68=0$ 和 $x^2+y^2-6x-22y+30=0$ 的交点并且和 x 轴相切的圆的方程.

解　设通过两已知圆的交点并且和 x 轴相切的圆的方程为

$$\lambda(x^2+y^2+4x-14y-68)+$$
$$\mu(x^2+y^2-6x-22y+30)=0$$

这个圆与 x 轴的交点的横坐标应是二次方程

$$(\lambda+\mu)x^2+(4\lambda-6\mu)x-68\lambda+30\mu=0$$

的两个根. 但因这圆和 x 轴相切，所以这个二次方程有两个相同的实根，从而根的判别式必须等于 0，即

$$(4\lambda-6\mu)^2-4(\lambda+\mu)(-68\lambda+30\mu)=0$$

即

$$72\lambda^2+26\mu\lambda-21\mu^2=0$$

从这个方程解出 λ，得

$$\lambda=-\frac{3}{4}\mu$$

或

$$\lambda=\frac{7}{18}\mu$$

因此可令 $\lambda=-3$，$\mu=4$ 或 $\lambda=7$，$\mu=18$. 对应于 λ 和 μ 的两组值，得到

$$x^2+y^2-36x-46y+324=0$$

和

$$25x^2+25y^2-80x-494y+64=0$$

这即是通过两已知圆的交点并且和 x 轴相切的两个圆的方程.

例 4.15 已知一个双曲线型的共轴圆系,求证:对于这个圆系的某两个圆张成等角的点的轨迹在一般情形下是这个圆系中的一个圆(这个圆叫作两个已知圆的相似圆).

解 设共轴圆系的方程为 $x^2+y^2+2kx+F=0$,在这个圆系中取定两个圆,圆 O_1:$x^2+y^2+2k_1x+F=0$,圆 O_2:$x^2+y^2+2k_2x+F=0$,两个已知圆的圆心分别为 $O_1(-k_1,0)$,$O_2(-k_2,0)$,半径分别为 $\sqrt{k_1^2-F}$,$\sqrt{k_2^2-F}$,如图 4.12.设点 $P(x,y)$ 对这两个已知圆张成等角,所以从 P 分别引两已知圆的切线 PT_1 和 PT_2(切点为 T_1,T_2),显然有 $\angle O_1PT_1=\angle O_2PT_2$,所以

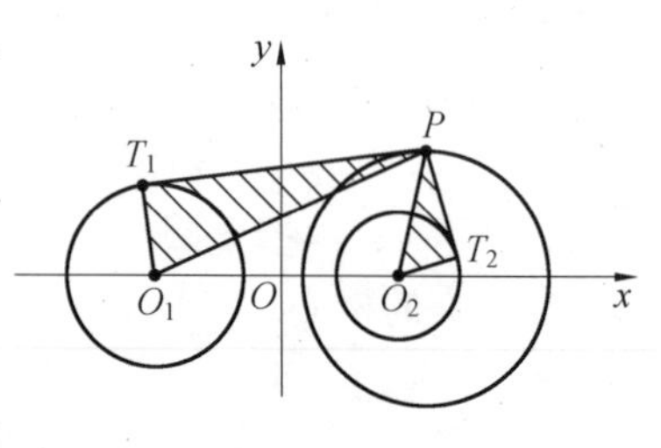

图 4.12

$$\triangle O_1PT_1 \backsim \triangle O_2PT_2$$

因此有

$$|PO_1|:|PO_2|=|O_1T_1|:|O_2T_2|$$

由此得

$$\sqrt{(x+k_1)^2+y^2}:\sqrt{(x+k_2)^2+y^2}=\sqrt{k_1^2-F}:\sqrt{k_2^2-F}$$

化简得

$$(k_1+k_2)(x^2+y^2)+2(k_1k_2+F)x+(k_1+k_2)F=0$$

这即是动点 P 的轨迹的方程.

由以上结果可知:当 $k_1+k_2\neq 0$ 时(即两个已知圆关于 y 轴,即关于它们的根轴不对称时),轨迹的方程为

$$x^2+y^2+\frac{2(k_1k_2+F)}{k_1+k_2}x+F=0$$

它恰是圆系中的一个圆,这是一般情形.当 $k_1+k_2=0$ 时(即两个已知圆关于 y 轴,即关于它们的根轴对称时),轨迹的方程为 $x=0$,它是圆系的根轴,这是特殊情形.

4.6.2　共轴圆系的正交圆

1. 两个圆正交的定义

定义 4.9　设两个圆相交，在一个交点处分别作这两个圆的切线，这两条切线的夹角叫作这两个圆在这交点的夹角(这个定义也适用于其他曲线).

显然，当两个圆相交时，这两个圆在两个交点的夹角相等.

定义 4.10　当两个圆在一个交点的夹角是直角时，就说这两个圆正交(直交).

2. 两个圆正交的条件

如图 4.13，设圆(O_1, r_1)与圆(O_2, r_2)交点之一为 P，由圆的切线的判定定理与性质定理可知，两个圆正交的充要条件是$\triangle O_1PO_2$为直角三角形，所以这两个圆正交的充要条件为

$$r_1^2 + r_2^2 = |O_1O_2|^2$$

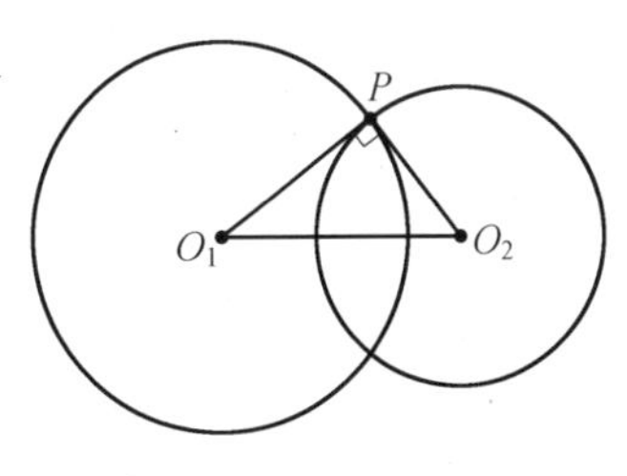

图 4.13

设两个圆的方程各为

$$x^2 + y^2 + 2D_1x + 2E_1y + F_1 = 0$$

和

$$x^2 + y^2 + 2D_2x + 2E_2y + F_2 = 0$$

那么，这两个圆的半径的平方各为$D_1^2 + E_1^2 - F_1$和$D_2^2 + E_2^2 - F_2$，圆心距的平方为$(D_1 - D_2)^2 + (E_1 - E_2)^2$，所以这两个圆正交的充要条件为

$$(D_1^2 + E_1^2 - F_1) + (D_2^2 + E_2^2 - F_2) = (D_1 - D_2)^2 + (E_1 - E_2)^2$$

即

$$2(D_1D_2 + E_1E_2) = F_1 + F_2$$

定理 4.18　圆$x^2 + y^2 + 2D_1x + 2E_1y + F_1 = 0$和$x^2 + y^2 + 2D_2x + 2E_2y + F_2 = 0$正交的充要条件为

$$2(D_1D_2 + E_1E_2) = F_1 + F_2$$

3.和两个已知圆都正交的圆的圆心轨迹

设已知不同心的两个圆的方程为

$$x^2+y^2+2D_1x+2E_1y+F_1=0$$

和

$$x^2+y^2+2D_2x+2E_2y+F_2=0$$

圆 $x^2+y^2+2Dx+2Ey+F=0$ 和上面的两个已知圆都正交,于是就有

$$2(DD_1+EE_1)=F+F_1$$

$$2(DD_2+EE_2)=F+F_2$$

这两个等式相减,便得

$$2D(D_1-D_2)+2E(E_1-E_2)=F_1-F_2$$

这个等式可改为

$$2(D_1-D_2)(-D)+2(E_1-E_2)(-E)+(F_1-F_2)=0$$

而$(-D,-E)$是和两个已知圆都正交的圆的圆心的坐标.这个等式表明:凡和两个已知圆都正交的圆的圆心都在两个已知圆的根轴 $2(D_1-D_2)x+2(E_1-E_2)y+F_1-F_2=0$ 上.

反过来也容易证明:在两个已知圆的根轴上取一点,只要这点位于已知圆外,那么,总可以这点为圆心作一个圆和两个已知圆都正交.

这就得到以下的定理.

定理 4.19 和不同心的两个已知圆都正交的圆的圆心的轨迹是两个已知圆的根轴位于已知圆外的部分.

4.共轴圆系的正交圆

设有一个共轴圆系,若一个圆和这个圆系的各圆都正交,由定理 4.19 可知,这个圆的圆心一定在这个圆系的根轴上.反过来,在这共轴圆系的根轴上取一点,只要这点在圆系的圆外,由定理 4.19 可知,必可以这点为圆心作一个圆和这共轴圆系的各圆都正交,于是得到以下的定理.

定理 4.20 和一个共轴圆系的各圆都正交的圆的圆心的轨迹是这个共轴圆系的根轴位于这个圆系的圆外的部分.

设共轴圆系的方程为

$$x^2+y^2+2kx+F=0 \tag{4.33}$$

我们求和共轴圆系(4.33)的所有的圆都正交的圆的方程.由定理4.20,这种圆的圆心必在共轴圆系(4.33)的根轴上,即y轴上,所以这种圆的方程可设为

$$x^2+y^2+2ly+G=0$$

由于它和(4.33)的圆正交,所以

$$2(k\cdot 0+0\cdot l)=F+G$$

从而

$$G=-F$$

这样,和共轴圆系(4.33)的各圆都正交的圆的方程都具有形式

$$x^2+y^2+2ly-F=0 \tag{4.34}$$

给方程(4.34)中的l以任意实数值,则由此所得的各圆显然也组成一个共轴圆系,这个共轴圆系的根轴恰是圆系(4.33)的连心线,于是得到以下的定理.

定理4.21　和一个共轴圆系的所有的圆都正交的全体的圆的集合也是一个共轴圆系.一个共轴圆系的连心线与根轴分别是另一个共轴圆系的根轴与连心线.

定义4.11　有两个共轴圆系,若一个圆系的每个圆和另一个圆系中的所有的圆都正交,就说这两个圆系为伴随共轴圆系.

伴随共轴圆系除有定理4.21所说的基本关系以外,还有下面的重要关系.

共轴圆系(4.33)的各圆与根轴(y轴)的交点为$(0,\pm\sqrt{-F})$,极限点为$(\pm\sqrt{F},0)$.类似地,共轴圆系(4.33)的伴随共轴圆系(4.34)的各圆与根轴(x轴)的交点为$(\pm\sqrt{F},0)$,极限点为$(0,\pm\sqrt{-F})$,所以:

当$F>0$时,(4.33)为相离类,极限点为$(\pm\sqrt{F},0)$,而(4.34)为相交类,它的各圆与根轴(x轴)的交点恰为(4.33)的两个极限点.

当$F=0$时,(4.33)为相切类,它的各圆与根轴(y轴)相切于原点,而(4.34)也是相切类,它的各圆都和根轴(x轴)也相切于原点.

当$F<0$时与$F>0$时的情形相仿.

于是得到以下的定理.

定理4.22　如果两个伴随共轴圆系中的一个是极限点类,则另一个是相交类;如果一个是相切类,则另一个也是相切类;如果一个是相交类,则另一个是极限点类.并且相交类的各圆的两个交点恰是它的伴随共轴圆系的两个极限点(图4.14).

例1　求和三个已知圆

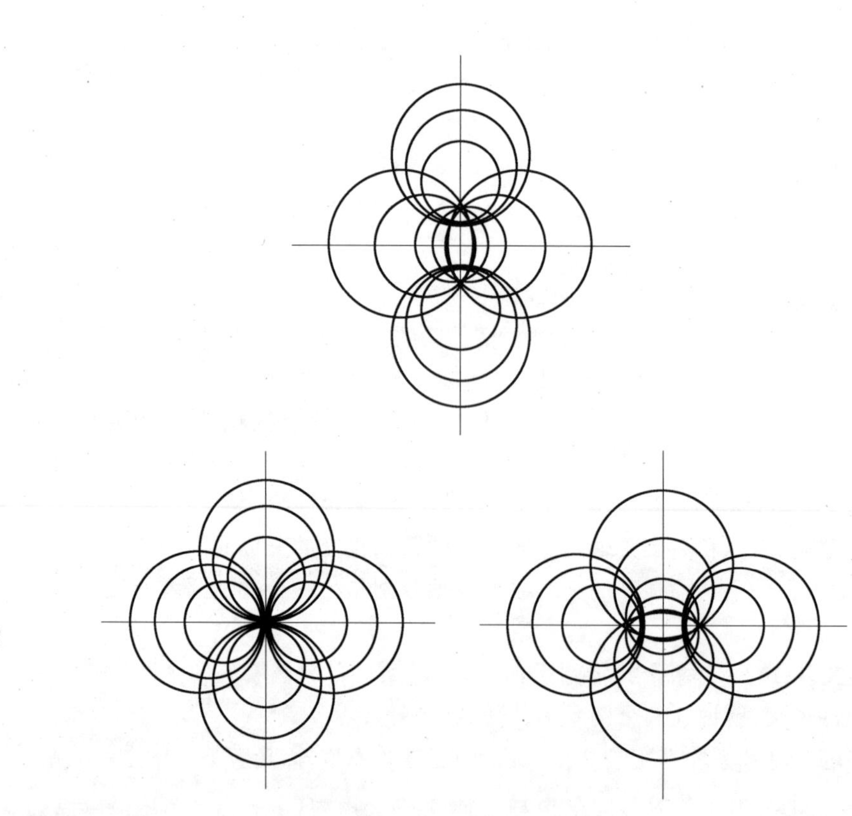

图 4.14

$$x^2+y^2+2x+17y+4=0$$
$$x^2+y^2+7x+6y+11=0$$
$$x^2+y^2-x+22y+3=0$$

都正交的圆的方程.

解法 1　设和三个已知圆都正交的圆的方程为

$$x^2+y^2+2Dx+2Ey+F=0$$

由定理 4.18 可知以下的关系式成立,即

$$\begin{cases}2\left(1D+\dfrac{17}{2}E\right)=F+4\\2\left(\dfrac{7}{2}D+3E\right)=F+11\\2\left(-\dfrac{1}{2}D+11E\right)=F+3\end{cases}$$

解这个方程组,得

$$D=-3,E=-2,F=-44$$

所以和三个已知圆都正交的圆的方程为

$$x^2+y^2-6x-4y-44=0$$

解法2　三个已知圆的根心为(3,2),这即是和三个已知圆都正交的圆的圆心(定理4.19).点(3,2)到任一已知圆的切线长的平方为57(定理4.7),这即是和三个已知圆都正交的圆的半径的平方,所以和三个已知圆都正交的圆的方程为

$$(x-3)^2+(y-2)^2=57$$

即

$$x^2+y^2-6x-4y-44=0$$

例4.16　已知两个相离的定圆 O_1 和定圆 O_2,有一点 P,它关于圆 O_1 的极线与它关于圆 O_2 的极线相交于点 Q.求证:以线段 PQ 为直径的圆与圆 O_1 及圆 O_2 都正交;并且这样的圆总过圆 O_1 和圆 O_2 确定的共轴圆系的两个极限点.

证明　如图4.15,设圆 O_1 和圆 O_2 的方程各为

$$x^2+y^2+2k_1x+F=0$$

和

$$x^2+y^2+2k_2x+F=0$$

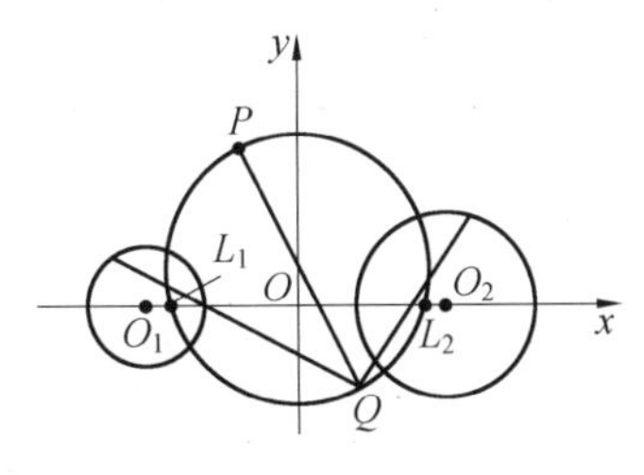

图4.15

$(F>0)$ 则这两个圆确定的共轴圆系的各圆的圆心都在 x 轴上,以 y 轴为圆系的根轴,这个圆系的两个极限点为 $(\pm\sqrt{F},0)$.设点 P 的坐标为 (x_0,y_0),则 P 关于圆 O_1 和圆 O_2 的极线方程分别为

$$x_0x+y_0y+k_1(x+x_0)+F=0$$

和

$$x_0x+y_0y+k_2(x+x_0)+F=0$$

这两条极线的交点 Q 的坐标为 $\left(-x_0,\dfrac{x_0^2-F}{y_0}\right)$(这里 $y_0\neq0$.因为如果 $y_0=0$,

则点 P 在 x 轴上,那么它关于两个已知圆的极线就互相平行了). 以线段 PQ 为直径的圆的方程为

$$x^2+y^2-\left(\frac{x_0^2+y_0^2-F}{y_0}\right)y-F=0$$

这个圆和圆 O_1 正交,这是因为

$$2\left[k_1\cdot 0+0\cdot\left(-\frac{x_0^2+y_0^2-F}{2y_0}\right)\right]=F+(-F)$$

同理这个圆也和圆 O_2 正交.

这个圆显然通过圆 O_1 与圆 O_2 确定的共轴圆系的两个极限点$(\pm\sqrt{F},0)$,即图 4.15 中的点 L_1 和 L_2.

4.7 平面上的反演变换

定义 4.12 设 O 是平面上的一个定点,R 是一个确定的正数,以 O 为圆心,R 为半径作一个圆,我们把点 O 叫作反演中心(反演极),R 叫作反演半径,R^2 叫作反演幂,圆(O,R) 叫作反演圆. 设 M 是平面上异于 O 的任意一点,在射线 OM 上取一点 M',使 $|OM'|\cdot|OM|=R^2$,那么,点 M' 叫作关于反演圆(O,R) 来说的点 M 的反点(反演点、逆点),或关于反演中心 O、反演半径 R 来说的点 M 的反点. 也简单地把 M' 叫作点 M 的反点(图 4.16).

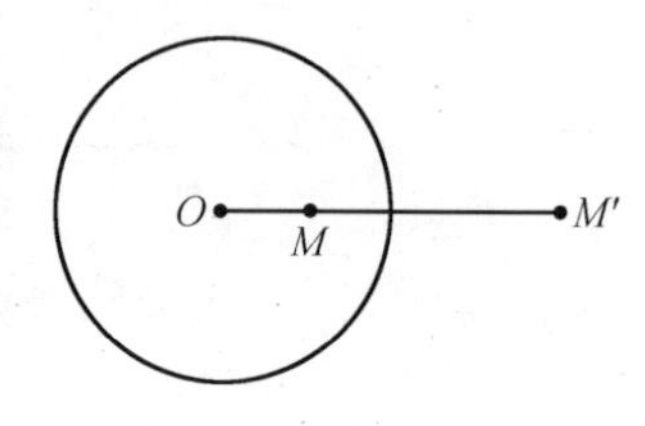

图 4.16

由上述定义可知,反演中心的反点不存在;反演圆上的每个点的反点重合于它自身. 反过来,反演中心不是任何点的反点;若一点的反点重合于它自身,则这点必在反演圆上.

定义 4.13 以平面上的定圆(O,R) 为反演圆,对于平面上的每个异于点 O 的点 M,使 M 的反点 M' 和 M 对应,平面的这种从 M 到 M' 的变换叫作关于反演圆(O,R) 来说的平面上的反演变换,或关于反演中心 O、反演半径 R 来说的平面上的反演变换.

定义 4.14 在平面上的关于反演圆(O,R) 来说的反演变换之下,图形 F 的所有点的反点组成的图形 F' 叫作关于反演圆(O,R) 来说的圆形 F 的反形,或关于反演中心 O、反演半径 R 来说的图形 F 的反形(图 4.17).

显然 F 也是 F' 的反形,所以说 F 和 F' 互为反形.

定理 4.23 设反演圆为(O,R),以 O 为原点建立直角坐标系,关于圆$(O,$

R) 的反演变换使

$$M(x,y) \to M'(x',y')$$

则

$$\begin{cases} x' = \dfrac{R^2 x}{x^2 + y^2} \\ y' = \dfrac{R^2 y}{x^2 + y^2} \end{cases}$$

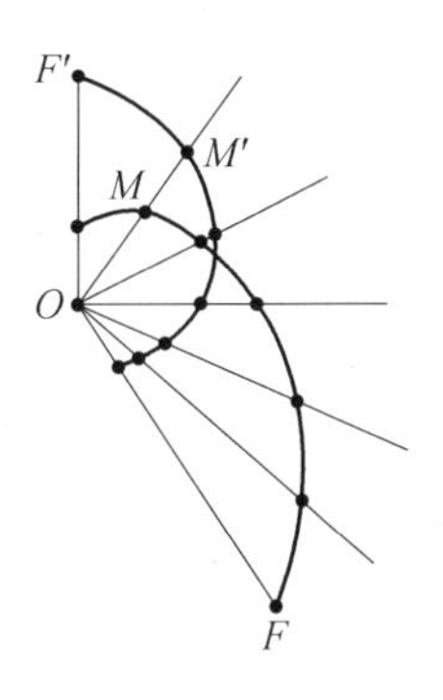

图 4.17

证明 如图 4.18,由于 O,M,M' 共线,所以

$$\frac{x'}{y'} = \frac{x}{y} \tag{4.35}$$

又因 $|OM'| \cdot |OM| = R^2$,所以

$$\sqrt{x'^2 + y'^2} \cdot \sqrt{x^2 + y^2} = R^2$$

从而

$$x'^2 + y'^2 = \frac{R^4}{x^2 + y^2} \tag{4.36}$$

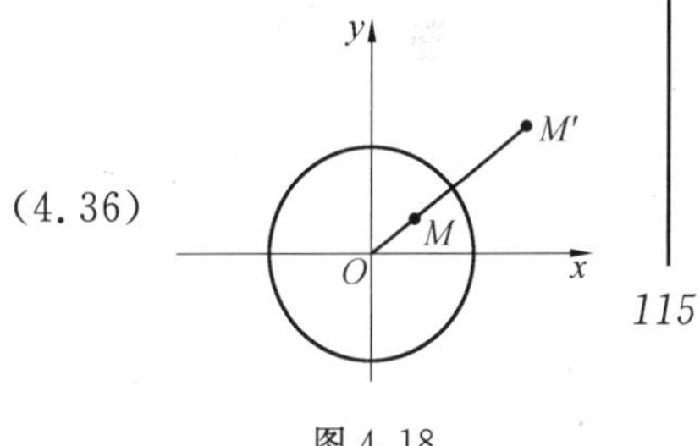

图 4.18

由式(4.35) 及式(4.36) 消去 y',得

$$x'^2 = \frac{R^4 x^2}{(x^2 + y^2)^2}$$

由于 x' 与 x 同号,所以

$$x' = \frac{R^2 x}{x^2 + y^2}$$

同理

$$y' = \frac{R^2 y}{x^2 + y^2}$$

推论 在上述变换下

$$\begin{cases} x = \dfrac{R^2 x'}{x'^2 + y'^2} \\ y = \dfrac{R^2 y'}{x'^2 + y'^2} \end{cases}$$

这是因为 $M(x,y)$ 也是 $M'(x',y')$ 的反点.

应用定理 4.23 及其推论就可以讨论有关反演变换的问题.

例 4.17 证明不通过反演中心的直线的反形是通过反演中心的一个圆.

证明 如图 4.19 建立直角坐标系,设已知直线的方程为 $x = a(a \neq 0)$,由定理 4.23 的推论得反形的方程为

$$\frac{R^2 x'}{x'^2 + y'^2} = a$$

即

$$x'^2 + y'^2 - \frac{R^2}{a} x' = 0$$

这是通过反演中心的一个圆,不过这圆上的反演中心应去掉,因为它不是任何点的反点.

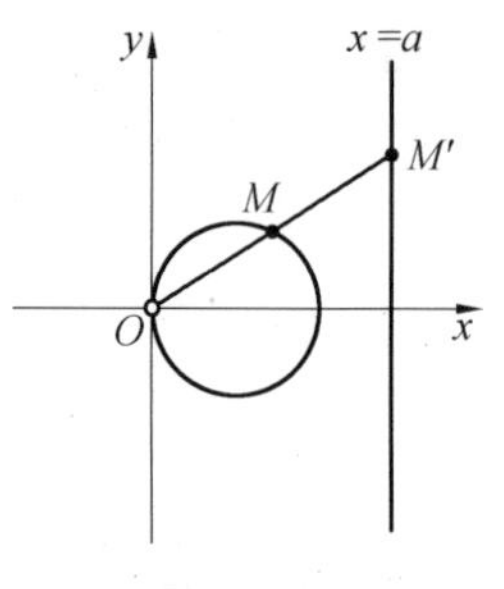

图 4.19

例 4.18 证明与反演圆正交的圆的反形重合于这个圆自身.

证明 如图 4.20,设反演圆的方程为

$$x^2 + y^2 - R^2 = 0$$

不妨设与反演圆正交的圆的圆心 S 在 x 轴上,因此这圆的方程可设为

$$x^2 + y^2 + 2Dx + F = 0$$

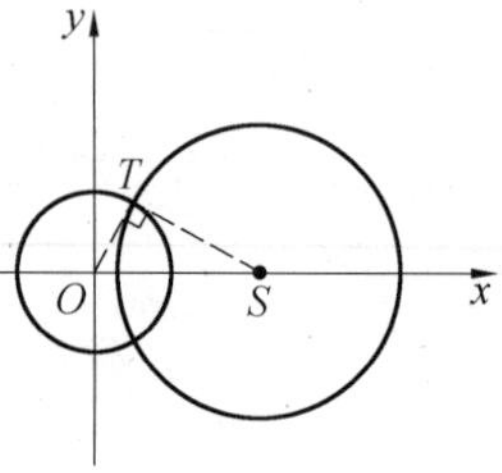

由于它和反演圆正交,所以

$$2(0 \times D + 0 \times 0) = -R^2 + F$$

图 4.20

从而 $F = R^2$,所以与反演圆正交的这个圆的方程为

$$x^2 + y^2 + 2Dx + R^2 = 0 \tag{4.37}$$

这个圆的反形的方程为

$$\left(\frac{R^2 x'}{x'^2 + y'^2}\right)^2 + \left(\frac{R^2 y'}{x'^2 + y'^2}\right)^2 + 2D\left(\frac{R^2 x'}{x'^2 + y'^2}\right) + R^2 = 0$$

即

$$\frac{R^2}{x'^2 + y'^2} + \frac{2Dx'}{x'^2 + y'^2} + 1 = 0$$

由于 $x'^2 + y'^2 \neq 0$,因此可用 $x'^2 + y'^2$ 乘这个方程的各项,得

$$x'^2 + y'^2 + 2Dx' + R^2 = 0 \tag{4.38}$$

这恰是与反演圆正交的已知圆(因为(4.37) 和(4.38) 表示同一圆).

刘培杰数学工作室
已出版(即将出版)图书目录——初等数学

书　　名	出版时间	定　价	编号
新编中学数学解题方法全书(高中版)上卷(第2版)	2018—08	58.00	951
新编中学数学解题方法全书(高中版)中卷(第2版)	2018—08	68.00	952
新编中学数学解题方法全书(高中版)下卷(一)(第2版)	2018—08	58.00	953
新编中学数学解题方法全书(高中版)下卷(二)(第2版)	2018—08	58.00	954
新编中学数学解题方法全书(高中版)下卷(三)(第2版)	2018—08	68.00	955
新编中学数学解题方法全书(初中版)上卷	2008—01	28.00	29
新编中学数学解题方法全书(初中版)中卷	2010—07	38.00	75
新编中学数学解题方法全书(高考复习卷)	2010—01	48.00	67
新编中学数学解题方法全书(高考真题卷)	2010—01	38.00	62
新编中学数学解题方法全书(高考精华卷)	2011—03	68.00	118
新编平面解析几何解题方法全书(专题讲座卷)	2010—01	18.00	61
新编中学数学解题方法全书(自主招生卷)	2013—08	88.00	261
数学奥林匹克与数学文化(第一辑)	2006—05	48.00	4
数学奥林匹克与数学文化(第二辑)(竞赛卷)	2008—01	48.00	19
数学奥林匹克与数学文化(第二辑)(文化卷)	2008—07	58.00	36′
数学奥林匹克与数学文化(第三辑)(竞赛卷)	2010—01	48.00	59
数学奥林匹克与数学文化(第四辑)(竞赛卷)	2011—08	58.00	87
数学奥林匹克与数学文化(第五辑)	2015—06	98.00	370
世界著名平面几何经典著作钩沉——几何作图专题卷(共3卷)	2022—01	198.00	1460
世界著名平面几何经典著作钩沉(民国平面几何老课本)	2011—03	38.00	113
世界著名平面几何经典著作钩沉(建国初期平面三角老课本)	2015—08	38.00	507
世界著名解析几何经典著作钩沉——平面解析几何卷	2014—01	38.00	264
世界著名数论经典著作钩沉(算术卷)	2012—01	28.00	125
世界著名数学经典著作钩沉——立体几何卷	2011—02	28.00	88
世界著名三角学经典著作钩沉(平面三角卷Ⅰ)	2010—06	28.00	69
世界著名三角学经典著作钩沉(平面三角卷Ⅱ)	2011—01	38.00	78
世界著名初等数论经典著作钩沉(理论和实用算术卷)	2011—07	38.00	126
世界著名几何经典著作钩沉(解析几何卷)	2022—10	68.00	1564
发展你的空间想象力(第3版)	2021—01	98.00	1464
空间想象力进阶	2019—05	68.00	1062
走向国际数学奥林匹克的平面几何试题诠释.第1卷	2019—07	88.00	1043
走向国际数学奥林匹克的平面几何试题诠释.第2卷	2019—09	78.00	1044
走向国际数学奥林匹克的平面几何试题诠释.第3卷	2019—03	78.00	1045
走向国际数学奥林匹克的平面几何试题诠释.第4卷	2019—09	98.00	1046
平面几何证明方法全书	2007—08	35.00	1
平面几何证明方法全书习题解答(第2版)	2006—12	18.00	10
平面几何天天练上卷·基础篇(直线型)	2013—01	58.00	208
平面几何天天练中卷·基础篇(涉及圆)	2013—01	28.00	234
平面几何天天练下卷·提高篇	2013—01	58.00	237
平面几何专题研究	2013—07	98.00	258
平面几何解题之道.第1卷	2022—05	38.00	1494
几何学习题集	2020—10	48.00	1217
通过解题学习代数几何	2021—04	88.00	1301
圆锥曲线的奥秘	2022—06	88.00	1541

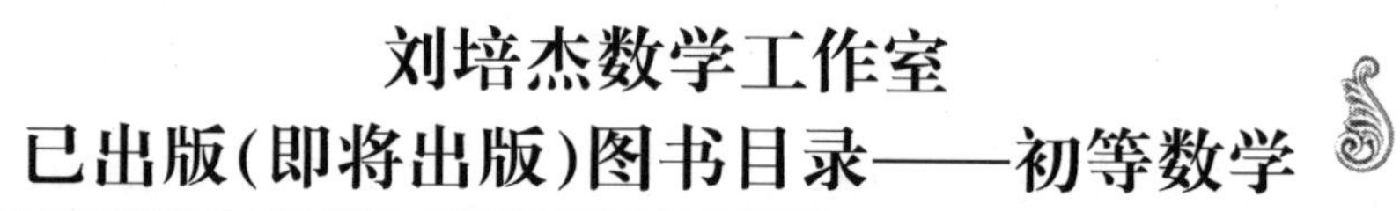

刘培杰数学工作室
已出版(即将出版)图书目录——初等数学

书　　名	出版时间	定　价	编号
最新世界各国数学奥林匹克中的平面几何试题	2007—09	38.00	14
数学竞赛平面几何典型题及新颖解	2010—07	48.00	74
初等数学复习及研究(平面几何)	2008—09	68.00	38
初等数学复习及研究(立体几何)	2010—06	38.00	71
初等数学复习及研究(平面几何)习题解答	2009—01	58.00	42
几何学教程(平面几何卷)	2011—03	68.00	90
几何学教程(立体几何卷)	2011—07	68.00	130
几何变换与几何证题	2010—06	88.00	70
计算方法与几何证题	2011—06	28.00	129
立体几何技巧与方法(第2版)	2022—10	168.00	1572
几何瑰宝——平面几何500名题暨1500条定理(上、下)	2021—07	168.00	1358
三角形的解法与应用	2012—07	18.00	183
近代的三角形几何学	2012—07	48.00	184
一般折线几何学	2015—08	48.00	503
三角形的五心	2009—06	28.00	51
三角形的六心及其应用	2015—10	68.00	542
三角形趣谈	2012—08	28.00	212
解三角形	2014—01	28.00	265
探秘三角形:一次数学旅行	2021—10	68.00	1387
三角学专门教程	2014—09	28.00	387
图天下几何新题试卷.初中(第2版)	2017—11	58.00	855
圆锥曲线习题集(上册)	2013—06	68.00	255
圆锥曲线习题集(中册)	2015—01	78.00	434
圆锥曲线习题集(下册·第1卷)	2016—10	78.00	683
圆锥曲线习题集(下册·第2卷)	2018—01	98.00	853
圆锥曲线习题集(下册·第3卷)	2019—10	128.00	1113
圆锥曲线的思想方法	2021—08	48.00	1379
圆锥曲线的八个主要问题	2021—10	48.00	1415
论九点圆	2015—05	88.00	645
近代欧氏几何学	2012—03	48.00	162
罗巴切夫斯基几何学及几何基础概要	2012—07	28.00	188
罗巴切夫斯基几何学初步	2015—06	28.00	474
用三角、解析几何、复数、向量计算解数学竞赛几何题	2015—03	48.00	455
用解析法研究圆锥曲线的几何理论	2022—05	48.00	1495
美国中学几何教程	2015—04	88.00	458
三线坐标与三角形特征点	2015—04	98.00	460
坐标几何学基础.第1卷,笛卡儿坐标	2021—08	48.00	1398
坐标几何学基础.第2卷,三线坐标	2021—09	28.00	1399
平面解析几何方法与研究(第1卷)	2015—05	18.00	471
平面解析几何方法与研究(第2卷)	2015—06	18.00	472
平面解析几何方法与研究(第3卷)	2015—07	18.00	473
解析几何研究	2015—01	38.00	425
解析几何学教程.上	2016—01	38.00	574
解析几何学教程.下	2016—01	38.00	575
几何学基础	2016—01	58.00	581
初等几何研究	2015—02	58.00	444
十九和二十世纪欧氏几何学中的片段	2017—01	58.00	696
平面几何中考.高考.奥数一本通	2017—07	28.00	820
几何学简史	2017—08	28.00	833
四面体	2018—01	48.00	880
平面几何证明方法思路	2018—12	68.00	913
折纸中的几何练习	2022—09	48.00	1559
中学新几何学(英文)	2022—10	98.00	1562
线性代数与几何	2023—04	68.00	1633

刘培杰数学工作室

已出版(即将出版)图书目录——初等数学

书　　名	出版时间	定　价	编号
平面几何图形特性新析.上篇	2019—01	68.00	911
平面几何图形特性新析.下篇	2018—06	88.00	912
平面几何范例多解探究.上篇	2018—04	48.00	910
平面几何范例多解探究.下篇	2018—12	68.00	914
从分析解题过程学解题:竞赛中的几何问题研究	2018—07	68.00	946
从分析解题过程学解题:竞赛中的向量几何与不等式研究(全2册)	2019—06	138.00	1090
从分析解题过程学解题:竞赛中的不等式问题	2021—01	48.00	1249
二维、三维欧氏几何的对偶原理	2018—12	38.00	990
星形大观及闭折线论	2019—03	68.00	1020
立体几何的问题和方法	2019—11	58.00	1127
三角代换论	2021—05	58.00	1313
俄罗斯平面几何问题集	2009—08	88.00	55
俄罗斯立体几何问题集	2014—03	58.00	283
俄罗斯几何大师——沙雷金论数学及其他	2014—01	48.00	271
来自俄罗斯的5000道几何习题及解答	2011—03	58.00	89
俄罗斯初等数学问题集	2012—05	38.00	177
俄罗斯函数问题集	2011—03	38.00	103
俄罗斯组合分析问题集	2011—01	48.00	79
俄罗斯初等数学万题选——三角卷	2012—11	38.00	222
俄罗斯初等数学万题选——代数卷	2013—08	68.00	225
俄罗斯初等数学万题选——几何卷	2014—01	68.00	226
俄罗斯《量子》杂志数学征解问题100题选	2018—08	48.00	969
俄罗斯《量子》杂志数学征解问题又100题选	2018—08	48.00	970
俄罗斯《量子》杂志数学征解问题	2020—05	48.00	1138
463个俄罗斯几何老问题	2012—01	28.00	152
《量子》数学短文精粹	2018—09	38.00	972
用三角、解析几何等计算解来自俄罗斯的几何题	2019—11	88.00	1119
基谢廖夫平面几何	2022—01	48.00	1461
基谢廖夫立体几何	2023—04	48.00	1599
数学:代数、数学分析和几何(10—11年级)	2021—01	48.00	1250
立体几何.10—11年级	2022—01	58.00	1472
直观几何学:5—6年级	2022—04	58.00	1508
平面几何:9—11年级	2022—10	48.00	1571
谈谈素数	2011—03	18.00	91
平方和	2011—03	18.00	92
整数论	2011—05	38.00	120
从整数谈起	2015—10	28.00	538
数与多项式	2016—01	38.00	558
谈谈不定方程	2011—05	28.00	119
质数漫谈	2022—07	68.00	1529
解析不等式新论	2009—06	68.00	48
建立不等式的方法	2011—03	98.00	104
数学奥林匹克不等式研究(第2版)	2020—07	68.00	1181
不等式研究(第二辑)	2012—02	68.00	153
不等式的秘密(第一卷)(第2版)	2014—02	38.00	286
不等式的秘密(第二卷)	2014—01	38.00	268
初等不等式的证明方法	2010—06	38.00	123
初等不等式的证明方法(第二版)	2014—11	38.00	407
不等式·理论·方法(基础卷)	2015—07	38.00	496
不等式·理论·方法(经典不等式卷)	2015—07	38.00	497
不等式·理论·方法(特殊类型不等式卷)	2015—07	48.00	498
不等式探究	2016—03	38.00	582
不等式探秘	2017—01	88.00	689
四面体不等式	2017—01	68.00	715
数学奥林匹克中常见重要不等式	2017—09	38.00	845

刘培杰数学工作室

已出版(即将出版)图书目录——初等数学

书　　名	出版时间	定　价	编号
三正弦不等式	2018－09	98.00	974
函数方程与不等式:解法与稳定性结果	2019－04	68.00	1058
数学不等式.第1卷,对称多项式不等式	2022－05	78.00	1455
数学不等式.第2卷,对称有理不等式与对称无理不等式	2022－05	88.00	1456
数学不等式.第3卷,循环不等式与非循环不等式	2022－05	88.00	1457
数学不等式.第4卷,Jensen不等式的扩展与加细	2022－05	88.00	1458
数学不等式.第5卷,创建不等式与解不等式的其他方法	2022－05	88.00	1459
同余理论	2012－05	38.00	163
[x]与{x}	2015－04	48.00	476
极值与最值.上卷	2015－06	28.00	486
极值与最值.中卷	2015－06	38.00	487
极值与最值.下卷	2015－06	28.00	488
整数的性质	2012－11	38.00	192
完全平方数及其应用	2015－08	78.00	506
多项式理论	2015－10	88.00	541
奇数、偶数、奇偶分析法	2018－01	98.00	876
不定方程及其应用.上	2018－12	58.00	992
不定方程及其应用.中	2019－01	78.00	993
不定方程及其应用.下	2019－02	98.00	994
Nesbitt不等式加强式的研究	2022－06	128.00	1527
最值定理与分析不等式	2023－02	78.00	1567
一类积分不等式	2023－02	88.00	1579
邦费罗尼不等式及概率应用	2023－05	58.00	1637
历届美国中学生数学竞赛试题及解答(第一卷)1950－1954	2014－07	18.00	277
历届美国中学生数学竞赛试题及解答(第二卷)1955－1959	2014－04	18.00	278
历届美国中学生数学竞赛试题及解答(第三卷)1960－1964	2014－06	18.00	279
历届美国中学生数学竞赛试题及解答(第四卷)1965－1969	2014－04	28.00	280
历届美国中学生数学竞赛试题及解答(第五卷)1970－1972	2014－06	18.00	281
历届美国中学生数学竞赛试题及解答(第六卷)1973－1980	2017－07	18.00	768
历届美国中学生数学竞赛试题及解答(第七卷)1981－1986	2015－01	18.00	424
历届美国中学生数学竞赛试题及解答(第八卷)1987－1990	2017－05	18.00	769
历届中国数学奥林匹克试题集(第3版)	2021－10	58.00	1440
历届加拿大数学奥林匹克试题集	2012－08	38.00	215
历届美国数学奥林匹克试题集:1972～2019	2020－04	88.00	1135
历届波兰数学竞赛试题集.第1卷,1949～1963	2015－03	18.00	453
历届波兰数学竞赛试题集.第2卷,1964～1976	2015－03	18.00	454
历届巴尔干数学奥林匹克试题集	2015－05	38.00	466
保加利亚数学奥林匹克	2014－10	38.00	393
圣彼得堡数学奥林匹克试题集	2015－01	38.00	429
匈牙利奥林匹克数学竞赛题解.第1卷	2016－05	28.00	593
匈牙利奥林匹克数学竞赛题解.第2卷	2016－05	28.00	594
历届美国数学邀请赛试题集(第2版)	2017－10	78.00	851
普林斯顿大学数学竞赛	2016－06	38.00	669
亚太地区数学奥林匹克竞赛题	2015－07	18.00	492
日本历届(初级)广中杯数学竞赛试题及解答.第1卷(2000～2007)	2016－05	28.00	641
日本历届(初级)广中杯数学竞赛试题及解答.第2卷(2008～2015)	2016－05	38.00	642
越南数学奥林匹克题选:1962－2009	2021－07	48.00	1370
360个数学竞赛问题	2016－08	58.00	677
奥数最佳实战题.上卷	2017－06	38.00	760
奥数最佳实战题.下卷	2017－05	58.00	761
哈尔滨市早期中学数学竞赛试题汇编	2016－07	28.00	672
全国高中数学联赛试题及解答:1981—2019(第4版)	2020－07	138.00	1176
2022年全国高中数学联合竞赛模拟题集	2022－06	30.00	1521

刘培杰数学工作室

已出版(即将出版)图书目录——初等数学

书　　名	出版时间	定　价	编号
20世纪50年代全国部分城市数学竞赛试题汇编	2017－07	28.00	797
国内外数学竞赛题及精解:2018～2019	2020－08	45.00	1192
国内外数学竞赛题及精解:2019～2020	2021－11	58.00	1439
许康华竞赛优学精选集.第一辑	2018－08	68.00	949
天问叶班数学问题征解100题.Ⅰ,2016－2018	2019－05	88.00	1075
天问叶班数学问题征解100题.Ⅱ,2017－2019	2020－07	98.00	1177
美国初中数学竞赛:AMC8准备(共6卷)	2019－07	138.00	1089
美国高中数学竞赛:AMC10准备(共6卷)	2019－08	158.00	1105
王连笑教你怎样学数学:高考选择题解题策略与客观题实用训练	2014－01	48.00	262
王连笑教你怎样学数学:高考数学高层次讲座	2015－02	48.00	432
高考数学的理论与实践	2009－08	38.00	53
高考数学核心题型解题方法与技巧	2010－01	28.00	86
高考思维新平台	2014－03	38.00	259
高考数学压轴题解题诀窍(上)(第2版)	2018－01	58.00	874
高考数学压轴题解题诀窍(下)(第2版)	2018－01	48.00	875
北京市五区文科数学三年高考模拟题详解:2013～2015	2015－08	48.00	500
北京市五区理科数学三年高考模拟题详解:2013～2015	2015－09	68.00	505
向量法巧解数学高考题	2009－08	28.00	54
高中数学课堂教学的实践与反思	2021－11	48.00	791
数学高考参考	2016－01	78.00	589
新课程标准高考数学解答题各种题型解法指导	2020－08	78.00	1196
全国及各省市高考数学试题审题要津与解法研究	2015－02	48.00	450
高中数学章节起始课的教学研究与案例设计	2019－05	28.00	1064
新课标高考数学——五年试题分章详解(2007～2011)(上、下)	2011－10	78.00	140,141
全国中考数学压轴题审题要津与解法研究	2013－04	78.00	248
新编全国及各省市中考数学压轴题审题要津与解法研究	2014－05	58.00	342
全国及各省市5年中考数学压轴题审题要津与解法研究(2015版)	2015－04	58.00	462
中考数学专题总复习	2007－04	28.00	6
中考数学较难题常考题型解题方法与技巧	2016－09	48.00	681
中考数学难题常考题型解题方法与技巧	2016－09	48.00	682
中考数学中档题常考题型解题方法与技巧	2017－08	68.00	835
中考数学选择填空压轴好题妙解365	2017－05	38.00	759
中考数学:三类重点考题的解法例析与习题	2020－04	48.00	1140
中小学数学的历史文化	2019－11	48.00	1124
初中平面几何百题多思创新解	2020－01	58.00	1125
初中数学中考备考	2020－01	58.00	1126
高考数学之九章演义	2019－08	68.00	1044
高考数学之难题谈笑间	2022－06	68.00	1519
化学可以这样学:高中化学知识方法智慧感悟疑难辨析	2019－07	58.00	1103
如何成为学习高手	2019－09	58.00	1107
高考数学:经典真题分类解析	2020－04	78.00	1134
高考数学解答题破解策略	2020－11	58.00	1221
从分析解题过程学解题:高考压轴题与竞赛题之关系探究	2020－08	88.00	1179
教学新思考:单元整体视角下的初中数学教学设计	2021－03	58.00	1278
思维再拓展:2020年经典几何题的多解探究与思考	即将出版		1279
中考数学小压轴汇编初讲	2017－07	48.00	788
中考数学大压轴专题微言	2017－09	48.00	846
怎么解中考平面几何探索题	2019－06	48.00	1093
北京中考数学压轴题解题方法突破(第8版)	2022－11	78.00	1577
助你高考成功的数学解题智慧:知识是智慧的基础	2016－01	58.00	596
助你高考成功的数学解题智慧:错误是智慧的试金石	2016－04	58.00	643
助你高考成功的数学解题智慧:方法是智慧的推手	2016－04	68.00	657
高考数学奇思妙解	2016－04	38.00	610
高考数学解题策略	2016－05	48.00	670
数学解题泄天机(第2版)	2017－10	48.00	850

刘培杰数学工作室
已出版(即将出版)图书目录——初等数学

书 名	出版时间	定 价	编号
高考物理压轴题全解	2017－04	58.00	746
高中物理经典问题 25 讲	2017－05	28.00	764
高中物理教学讲义	2018－01	48.00	871
高中物理教学讲义:全模块	2022－03	98.00	1492
高中物理答疑解惑 65 篇	2021－11	48.00	1462
中学物理基础问题解析	2020－08	48.00	1183
初中数学、高中数学脱节知识补缺教材	2017－06	48.00	766
高考数学小题抢分必练	2017－10	48.00	834
高考数学核心素养解读	2017－09	38.00	839
高考数学客观题解题方法和技巧	2017－10	38.00	847
十年高考数学精品试题审题要津与解法研究	2021－10	98.00	1427
中国历届高考数学试题及解答.1949－1979	2018－01	38.00	877
历届中国高考数学试题及解答.第二卷,1980—1989	2018－10	28.00	975
历届中国高考数学试题及解答.第三卷,1990—1999	2018－10	48.00	976
数学文化与高考研究	2018－03	48.00	882
跟我学解高中数学题	2018－07	58.00	926
中学数学研究的方法及案例	2018－05	58.00	869
高考数学抢分技能	2018－07	68.00	934
高一新生常用数学方法和重要数学思想提升教材	2018－06	38.00	921
2018 年高考数学真题研究	2019－01	68.00	1000
2019 年高考数学真题研究	2020－05	88.00	1137
高考数学全国卷六道解答题常考题型解题诀窍:理科(全 2 册)	2019－07	78.00	1101
高考数学全国卷 16 道选择、填空题常考题型解题诀窍.理科	2018－09	88.00	971
高考数学全国卷 16 道选择、填空题常考题型解题诀窍.文科	2020－01	88.00	1123
高中数学一题多解	2019－06	58.00	1087
历届中国高考数学试题及解答:1917－1999	2021－08	98.00	1371
2000～2003 年全国及各省市高考数学试题及解答	2022－05	88.00	1499
2004 年全国及各省市高考数学试题及解答	2022－07	78.00	1500
突破高原:高中数学解题思维探究	2021－08	48.00	1375
高考数学中的“取值范围”	2021－10	48.00	1429
新课程标准高中数学各种题型解法大全.必修一分册	2021－06	58.00	1315
新课程标准高中数学各种题型解法大全.必修二分册	2022－01	68.00	1471
高中数学各种题型解法大全.选择性必修一分册	2022－06	68.00	1525
高中数学各种题型解法大全.选择性必修二分册	2023－01	58.00	1600
高中数学各种题型解法大全.选择性必修三分册	2023－04	48.00	1643
历届全国初中数学竞赛经典试题详解	2023－04	88.00	1624
新编 640 个世界著名数学智力趣题	2014－01	88.00	242
500 个最新世界著名数学智力趣题	2008－06	48.00	3
400 个最新世界著名数学最值问题	2008－09	48.00	36
500 个世界著名数学征解问题	2009－06	48.00	52
400 个中国最佳初等数学征解老问题	2010－01	48.00	60
500 个俄罗斯数学经典老题	2011－01	28.00	81
1000 个国外中学物理好题	2012－04	48.00	174
300 个日本高考数学题	2012－05	38.00	142
700 个早期日本高考数学试题	2017－02	88.00	752
500 个前苏联早期高考数学试题及解答	2012－05	28.00	185
546 个早期俄罗斯大学生数学竞赛题	2014－03	38.00	285
548 个来自美苏的数学好问题	2014－11	28.00	396
20 所苏联著名大学早期入学试题	2015－02	18.00	452
161 道德国工科大学生必做的微分方程习题	2015－05	28.00	469
500 个德国工科大学生必做的高数习题	2015－06	28.00	478
360 个数学竞赛问题	2016－08	58.00	677
200 个趣味数学故事	2018－02	48.00	857
470 个数学奥林匹克中的最值问题	2018－10	88.00	985
德国讲义日本考题.微积分卷	2015－04	48.00	456
德国讲义日本考题.微分方程卷	2015－04	38.00	457
二十世纪中叶中、英、美、日、法、俄高考数学试题精选	2017－06	38.00	783

刘培杰数学工作室
已出版(即将出版)图书目录——初等数学

书　　名	出版时间	定　价	编号
中国初等数学研究　2009 卷(第 1 辑)	2009—05	20.00	45
中国初等数学研究　2010 卷(第 2 辑)	2010—05	30.00	68
中国初等数学研究　2011 卷(第 3 辑)	2011—07	60.00	127
中国初等数学研究　2012 卷(第 4 辑)	2012—07	48.00	190
中国初等数学研究　2014 卷(第 5 辑)	2014—02	48.00	288
中国初等数学研究　2015 卷(第 6 辑)	2015—06	68.00	493
中国初等数学研究　2016 卷(第 7 辑)	2016—04	68.00	609
中国初等数学研究　2017 卷(第 8 辑)	2017—01	98.00	712
初等数学研究在中国.第 1 辑	2019—03	158.00	1024
初等数学研究在中国.第 2 辑	2019—10	158.00	1116
初等数学研究在中国.第 3 辑	2021—05	158.00	1306
初等数学研究在中国.第 4 辑	2022—06	158.00	1520
几何变换(Ⅰ)	2014—07	28.00	353
几何变换(Ⅱ)	2015—06	28.00	354
几何变换(Ⅲ)	2015—01	38.00	355
几何变换(Ⅳ)	2015—12	38.00	356
初等数论难题集(第一卷)	2009—05	68.00	44
初等数论难题集(第二卷)(上、下)	2011—02	128.00	82,83
数论概貌	2011—03	18.00	93
代数数论(第二版)	2013—08	58.00	94
代数多项式	2014—06	38.00	289
初等数论的知识与问题	2011—02	28.00	95
超越数论基础	2011—03	28.00	96
数论初等教程	2011—03	28.00	97
数论基础	2011—03	18.00	98
数论基础与维诺格拉多夫	2014—03	18.00	292
解析数论基础	2012—08	28.00	216
解析数论基础(第二版)	2014—01	48.00	287
解析数论问题集(第二版)(原版引进)	2014—05	88.00	343
解析数论问题集(第二版)(中译本)	2016—04	88.00	607
解析数论基础(潘承洞,潘承彪著)	2016—07	98.00	673
解析数论导引	2016—07	58.00	674
数论入门	2011—03	38.00	99
代数数论入门	2015—03	38.00	448
数论开篇	2012—07	28.00	194
解析数论引论	2011—03	48.00	100
Barban Davenport Halberstam 均值和	2009—01	40.00	33
基础数论	2011—03	28.00	101
初等数论 100 例	2011—05	18.00	122
初等数论经典例题	2012—07	18.00	204
最新世界各国数学奥林匹克中的初等数论试题(上、下)	2012—01	138.00	144,145
初等数论(Ⅰ)	2012—01	18.00	156
初等数论(Ⅱ)	2012—01	18.00	157
初等数论(Ⅲ)	2012—01	28.00	158

刘培杰数学工作室

已出版(即将出版)图书目录——初等数学

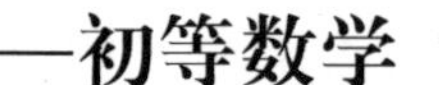

书 名	出版时间	定 价	编号
平面几何与数论中未解决的新老问题	2013—01	68.00	229
代数数论简史	2014—11	28.00	408
代数数论	2015—09	88.00	532
代数、数论及分析习题集	2016—11	98.00	695
数论导引提要及习题解答	2016—01	48.00	559
素数定理的初等证明.第 2 版	2016—09	48.00	686
数论中的模函数与狄利克雷级数(第二版)	2017—11	78.00	837
数论:数学导引	2018—01	68.00	849
范氏大代数	2019—02	98.00	1016
解析数学讲义.第一卷,导来式及微分、积分、级数	2019—04	88.00	1021
解析数学讲义.第二卷,关于几何的应用	2019—04	68.00	1022
解析数学讲义.第三卷,解析函数论	2019—04	78.00	1023
分析·组合·数论纵横谈	2019—04	58.00	1039
Hall 代数:民国时期的中学数学课本:英文	2019—08	88.00	1106
基谢廖夫初等代数	2022—07	38.00	1531
数学精神巡礼	2019—01	58.00	731
数学眼光透视(第 2 版)	2017—06	78.00	732
数学思想领悟(第 2 版)	2018—01	68.00	733
数学方法溯源(第 2 版)	2018—08	68.00	734
数学解题引论	2017—05	58.00	735
数学史话览胜(第 2 版)	2017—01	48.00	736
数学应用展观(第 2 版)	2017—08	68.00	737
数学建模尝试	2018—04	48.00	738
数学竞赛采风	2018—01	68.00	739
数学测评探营	2019—05	58.00	740
数学技能操握	2018—03	48.00	741
数学欣赏拾趣	2018—02	48.00	742
从毕达哥拉斯到怀尔斯	2007—10	48.00	9
从迪利克雷到维斯卡尔迪	2008—01	48.00	21
从哥德巴赫到陈景润	2008—05	98.00	35
从庞加莱到佩雷尔曼	2011—08	138.00	136
博弈论精粹	2008—03	58.00	30
博弈论精粹.第二版(精装)	2015—01	88.00	461
数学 我爱你	2008—01	28.00	20
精神的圣徒 别样的人生——60 位中国数学家成长的历程	2008—09	48.00	39
数学史概论	2009—06	78.00	50
数学史概论(精装)	2013—03	158.00	272
数学史选讲	2016—01	48.00	544
斐波那契数列	2010—02	28.00	65
数学拼盘和斐波那契魔方	2010—07	38.00	72
斐波那契数列欣赏(第 2 版)	2018—08	58.00	948
Fibonacci 数列中的明珠	2018—06	58.00	928
数学的创造	2011—02	48.00	85
数学美与创造力	2016—01	48.00	595
数海拾贝	2016—01	48.00	590
数学中的美(第 2 版)	2019—04	68.00	1057
数论中的美学	2014—12	38.00	351

刘培杰数学工作室
已出版(即将出版)图书目录——初等数学

书　　名	出版时间	定　价	编号
数学王者　科学巨人——高斯	2015－01	28.00	428
振兴祖国数学的圆梦之旅:中国初等数学研究史话	2015－06	98.00	490
二十世纪中国数学史料研究	2015－10	48.00	536
数字谜、数阵图与棋盘覆盖	2016－01	58.00	298
时间的形状	2016－01	38.00	556
数学发现的艺术:数学探索中的合情推理	2016－07	58.00	671
活跃在数学中的参数	2016－07	48.00	675
数海趣史	2021－05	98.00	1314
数学解题——靠数学思想给力(上)	2011－07	38.00	131
数学解题——靠数学思想给力(中)	2011－07	48.00	132
数学解题——靠数学思想给力(下)	2011－07	38.00	133
我怎样解题	2013－01	48.00	227
数学解题中的物理方法	2011－06	28.00	114
数学解题的特殊方法	2011－06	48.00	115
中学数学计算技巧(第2版)	2020－10	48.00	1220
中学数学证明方法	2012－01	58.00	117
数学趣题巧解	2012－03	28.00	128
高中数学教学通鉴	2015－05	58.00	479
和高中生漫谈:数学与哲学的故事	2014－08	28.00	369
算术问题集	2017－03	38.00	789
张教授讲数学	2018－07	38.00	933
陈永明实话实说数学教学	2020－04	68.00	1132
中学数学学科知识与教学能力	2020－06	58.00	1155
怎样把课讲好:大罕数学教学随笔	2022－03	58.00	1484
中国高考评价体系下高考数学探秘	2022－03	48.00	1487
自主招生考试中的参数方程问题	2015－01	28.00	435
自主招生考试中的极坐标问题	2015－04	28.00	463
近年全国重点大学自主招生数学试题全解及研究.华约卷	2015－02	38.00	441
近年全国重点大学自主招生数学试题全解及研究.北约卷	2016－05	38.00	619
自主招生数学解证宝典	2015－09	48.00	535
中国科学技术大学创新班数学真题解析	2022－03	48.00	1488
中国科学技术大学创新班物理真题解析	2022－03	58.00	1489
格点和面积	2012－07	18.00	191
射影几何趣谈	2012－04	28.00	175
斯潘纳尔引理——从一道加拿大数学奥林匹克试题谈起	2014－01	28.00	228
李普希兹条件——从几道近年高考数学试题谈起	2012－10	18.00	221
拉格朗日中值定理——从一道北京高考试题的解法谈起	2015－10	18.00	197
闵科夫斯基定理——从一道清华大学自主招生试题谈起	2014－01	28.00	198
哈尔测度——从一道冬令营试题的背景谈起	2012－08	28.00	202
切比雪夫逼近问题——从一道中国台北数学奥林匹克试题谈起	2013－04	38.00	238
伯恩斯坦多项式与贝齐尔曲面——从一道全国高中数学联赛试题谈起	2013－03	38.00	236
卡塔兰猜想——从一道普特南竞赛试题谈起	2013－06	18.00	256
麦卡锡函数和阿克曼函数——从一道前南斯拉夫数学奥林匹克试题谈起	2012－08	18.00	201
贝蒂定理与拉姆贝克莫斯尔定理——从一个拣石子游戏谈起	2012－08	18.00	217
皮亚诺曲线和豪斯道夫分球定理——从无限集谈起	2012－08	18.00	211
平面凸图形与凸多面体	2012－10	28.00	218
斯坦因豪斯问题——从一道二十五省市自治区中学数学竞赛试题谈起	2012－07	18.00	196

刘培杰数学工作室
已出版(即将出版)图书目录——初等数学

书　名	出版时间	定　价	编号
纽结理论中的亚历山大多项式与琼斯多项式——从一道北京市高一数学竞赛试题谈起	2012－07	28.00	195
原则与策略——从波利亚"解题表"谈起	2013－04	38.00	244
转化与化归——从三大尺规作图不能问题谈起	2012－08	28.00	214
代数几何中的贝祖定理(第一版)——从一道 IMO 试题的解法谈起	2013－08	18.00	193
成功连贯理论与约当块理论——从一道比利时数学竞赛试题谈起	2012－04	18.00	180
素数判定与大数分解	2014－08	18.00	199
置换多项式及其应用	2012－10	18.00	220
椭圆函数与模函数——从一道美国加州大学洛杉矶分校(UCLA)博士资格考题谈起	2012－10	28.00	219
差分方程的拉格朗日方法——从一道 2011 年全国高考理科试题的解法谈起	2012－08	28.00	200
力学在几何中的一些应用	2013－01	38.00	240
从根式解到伽罗华理论	2020－01	48.00	1121
康托洛维奇不等式——从一道全国高中联赛试题谈起	2013－03	28.00	337
西格尔引理——从一道第 18 届 IMO 试题的解法谈起	即将出版		
罗斯定理——从一道前苏联数学竞赛试题谈起	即将出版		
拉克斯定理和阿廷定理——从一道 IMO 试题的解法谈起	2014－01	58.00	246
毕卡大定理——从一道美国大学数学竞赛试题谈起	2014－07	18.00	350
贝齐尔曲线——从一道全国高中联赛试题谈起	即将出版		
拉格朗日乘子定理——从一道 2005 年全国高中联赛试题的高等数学解法谈起	2015－05	28.00	480
雅可比定理——从一道日本数学奥林匹克试题谈起	2013－04	48.00	249
李天岩－约克定理——从一道波兰数学竞赛试题谈起	2014－06	28.00	349
受控理论与初等不等式:从一道 IMO 试题的解法谈起	2023－03	48.00	1601
布劳维不动点定理——从一道前苏联数学奥林匹克试题谈起	2014－01	38.00	273
伯恩赛德定理——从一道英国数学奥林匹克试题谈起	即将出版		
布查特－莫斯特定理——从一道上海市初中竞赛试题谈起	即将出版		
数论中的同余数问题——从一道普特南竞赛试题谈起	即将出版		
范・德蒙行列式——从一道美国数学奥林匹克试题谈起	即将出版		
中国剩余定理:总数法构建中国历史年表	2015－01	28.00	430
牛顿程序与方程求根——从一道全国高考试题解法谈起	即将出版		
库默尔定理——从一道 IMO 预选试题谈起	即将出版		
卢丁定理——从一道冬令营试题的解法谈起	即将出版		
沃斯滕霍姆定理——从一道 IMO 预选试题谈起	即将出版		
卡尔松不等式——从一道莫斯科数学奥林匹克试题谈起	即将出版		
信息论中的香农熵——从一道近年高考压轴题谈起	即将出版		
约当不等式——从一道希望杯竞赛试题谈起	即将出版		
拉比诺维奇定理	即将出版		
刘维尔定理——从一道《美国数学月刊》征解问题的解法谈起	即将出版		
卡塔兰恒等式与级数求和——从一道 IMO 试题的解法谈起	即将出版		
勒让德猜想与素数分布——从一道爱尔兰竞赛试题谈起	即将出版		
天平称重与信息论——从一道基辅市数学奥林匹克试题谈起	即将出版		
哈密尔顿－凯莱定理:从一道高中数学联赛试题的解法谈起	2014－09	18.00	376
艾思特曼定理——从一道 CMO 试题的解法谈起	即将出版		

刘培杰数学工作室
已出版(即将出版)图书目录——初等数学

书　　名	出版时间	定　价	编号
阿贝尔恒等式与经典不等式及应用	2018－06	98.00	923
迪利克雷除数问题	2018－07	48.00	930
幻方、幻立方与拉丁方	2019－08	48.00	1092
帕斯卡三角形	2014－03	18.00	294
蒲丰投针问题——从2009年清华大学的一道自主招生试题谈起	2014－01	38.00	295
斯图姆定理——从一道"华约"自主招生试题的解法谈起	2014－01	18.00	296
许瓦兹引理——从一道加利福尼亚大学伯克利分校数学系博士生试题谈起	2014－08	18.00	297
拉姆塞定理——从王诗宬院士的一个问题谈起	2016－04	48.00	299
坐标法	2013－12	28.00	332
数论三角形	2014－04	38.00	341
毕克定理	2014－07	18.00	352
数林掠影	2014－09	48.00	389
我们周围的概率	2014－10	38.00	390
凸函数最值定理：从一道华约自主招生题的解法谈起	2014－10	28.00	391
易学与数学奥林匹克	2014－10	38.00	392
生物数学趣谈	2015－01	18.00	409
反演	2015－01	28.00	420
因式分解与圆锥曲线	2015－01	18.00	426
轨迹	2015－01	28.00	427
面积原理：从常庚哲命的一道CMO试题的积分解法谈起	2015－01	48.00	431
形形色色的不动点定理：从一道28届IMO试题谈起	2015－01	38.00	439
柯西函数方程：从一道上海交大自主招生的试题谈起	2015－02	28.00	440
三角恒等式	2015－02	28.00	442
无理性判定：从一道2014年"北约"自主招生试题谈起	2015－01	38.00	443
数学归纳法	2015－03	18.00	451
极端原理与解题	2015－04	28.00	464
法雷级数	2014－08	18.00	367
摆线族	2015－01	38.00	438
函数方程及其解法	2015－05	38.00	470
含参数的方程和不等式	2012－09	28.00	213
希尔伯特第十问题	2016－01	38.00	543
无穷小量的求和	2016－01	28.00	545
切比雪夫多项式：从一道清华大学金秋营试题谈起	2016－01	38.00	583
泽肯多夫定理	2016－03	38.00	599
代数等式证题法	2016－01	28.00	600
三角等式证题法	2016－01	28.00	601
吴大任教授藏书中的一个因式分解公式：从一道美国数学邀请赛试题的解法谈起	2016－06	28.00	656
易卦——类万物的数学模型	2017－08	68.00	838
"不可思议"的数与数系可持续发展	2018－01	38.00	878
最短线	2018－01	38.00	879
数学在天文、地理、光学、机械力学中的一些应用	2023－03	88.00	1576
从阿基米德三角形谈起	2023－01	28.00	1578

幻方和魔方(第一卷)	2012－05	68.00	173
尘封的经典——初等数学经典文献选读(第一卷)	2012－07	48.00	205
尘封的经典——初等数学经典文献选读(第二卷)	2012－07	38.00	206

初级方程式论	2011－03	28.00	106
初等数学研究(Ⅰ)	2008－09	68.00	37
初等数学研究(Ⅱ)(上、下)	2009－05	118.00	46,47
初等数学专题研究	2022－10	68.00	1568

刘培杰数学工作室

已出版(即将出版)图书目录——初等数学

书　　名	出版时间	定　价	编号
趣味初等方程妙题集锦	2014—09	48.00	388
趣味初等数论选美与欣赏	2015—02	48.00	445
耕读笔记(上卷):一位农民数学爱好者的初数探索	2015—04	28.00	459
耕读笔记(中卷):一位农民数学爱好者的初数探索	2015—05	28.00	483
耕读笔记(下卷):一位农民数学爱好者的初数探索	2015—05	28.00	484
几何不等式研究与欣赏.上卷	2016—01	88.00	547
几何不等式研究与欣赏.下卷	2016—01	48.00	552
初等数列研究与欣赏·上	2016—01	48.00	570
初等数列研究与欣赏·下	2016—01	48.00	571
趣味初等函数研究与欣赏.上	2016—09	48.00	684
趣味初等函数研究与欣赏.下	2018—09	48.00	685
三角不等式研究与欣赏	2020—10	68.00	1197
新编平面解析几何解题方法研究与欣赏	2021—10	78.00	1426
火柴游戏(第2版)	2022—05	38.00	1493
智力解谜.第1卷	2017—07	38.00	613
智力解谜.第2卷	2017—07	38.00	614
故事智力	2016—07	48.00	615
名人们喜欢的智力问题	2020—01	48.00	616
数学大师的发现、创造与失误	2018—01	48.00	617
异曲同工	2018—09	48.00	618
数学的味道	2018—01	58.00	798
数学千字文	2018—10	68.00	977
数贝偶拾——高考数学题研究	2014—04	28.00	274
数贝偶拾——初等数学研究	2014—04	38.00	275
数贝偶拾——奥数题研究	2014—04	48.00	276
钱昌本教你快乐学数学(上)	2011—12	48.00	155
钱昌本教你快乐学数学(下)	2012—03	58.00	171
集合、函数与方程	2014—01	28.00	300
数列与不等式	2014—01	38.00	301
三角与平面向量	2014—01	28.00	302
平面解析几何	2014—01	38.00	303
立体几何与组合	2014—01	28.00	304
极限与导数、数学归纳法	2014—01	38.00	305
趣味数学	2014—03	28.00	306
教材教法	2014—04	68.00	307
自主招生	2014—05	58.00	308
高考压轴题(上)	2015—01	48.00	309
高考压轴题(下)	2014—10	68.00	310
从费马到怀尔斯——费马大定理的历史	2013—10	198.00	Ⅰ
从庞加莱到佩雷尔曼——庞加莱猜想的历史	2013—10	298.00	Ⅱ
从切比雪夫到爱尔特希(上)——素数定理的初等证明	2013—07	48.00	Ⅲ
从切比雪夫到爱尔特希(下)——素数定理100年	2012—12	98.00	Ⅲ
从高斯到盖尔方特——二次域的高斯猜想	2013—10	198.00	Ⅳ
从库默尔到朗兰兹——朗兰兹猜想的历史	2014—01	98.00	Ⅴ
从比勃巴赫到德布朗斯——比勃巴赫猜想的历史	2014—02	298.00	Ⅵ
从麦比乌斯到陈省身——麦比乌斯变换与麦比乌斯带	2014—02	298.00	Ⅶ
从布尔到豪斯道夫——布尔方程与格论漫谈	2013—10	198.00	Ⅷ
从开普勒到阿诺德——三体问题的历史	2014—05	298.00	Ⅸ
从华林到华罗庚——华林问题的历史	2013—10	298.00	Ⅹ

刘培杰数学工作室
已出版(即将出版)图书目录——初等数学

书　　名	出版时间	定　价	编号
美国高中数学竞赛五十讲.第1卷(英文)	2014－08	28.00	357
美国高中数学竞赛五十讲.第2卷(英文)	2014－08	28.00	358
美国高中数学竞赛五十讲.第3卷(英文)	2014－09	28.00	359
美国高中数学竞赛五十讲.第4卷(英文)	2014－09	28.00	360
美国高中数学竞赛五十讲.第5卷(英文)	2014－10	28.00	361
美国高中数学竞赛五十讲.第6卷(英文)	2014－11	28.00	362
美国高中数学竞赛五十讲.第7卷(英文)	2014－12	28.00	363
美国高中数学竞赛五十讲.第8卷(英文)	2015－01	28.00	364
美国高中数学竞赛五十讲.第9卷(英文)	2015－01	28.00	365
美国高中数学竞赛五十讲.第10卷(英文)	2015－02	38.00	366

书　　名	出版时间	定　价	编号
三角函数(第2版)	2017－04	38.00	626
不等式	2014－01	38.00	312
数列	2014－01	38.00	313
方程(第2版)	2017－04	38.00	624
排列和组合	2014－01	28.00	315
极限与导数(第2版)	2016－04	38.00	635
向量(第2版)	2018－08	58.00	627
复数及其应用	2014－08	28.00	318
函数	2014－01	38.00	319
集合	2020－01	48.00	320
直线与平面	2014－01	28.00	321
立体几何(第2版)	2016－04	38.00	629
解三角形	即将出版		323
直线与圆(第2版)	2016－11	38.00	631
圆锥曲线(第2版)	2016－09	48.00	632
解题通法(一)	2014－07	38.00	326
解题通法(二)	2014－07	38.00	327
解题通法(三)	2014－05	38.00	328
概率与统计	2014－01	28.00	329
信息迁移与算法	即将出版		330

书　　名	出版时间	定　价	编号
IMO 50年.第1卷(1959－1963)	2014－11	28.00	377
IMO 50年.第2卷(1964－1968)	2014－11	28.00	378
IMO 50年.第3卷(1969－1973)	2014－09	28.00	379
IMO 50年.第4卷(1974－1978)	2016－04	38.00	380
IMO 50年.第5卷(1979－1984)	2015－04	38.00	381
IMO 50年.第6卷(1985－1989)	2015－04	58.00	382
IMO 50年.第7卷(1990－1994)	2016－01	48.00	383
IMO 50年.第8卷(1995－1999)	2016－06	38.00	384
IMO 50年.第9卷(2000－2004)	2015－04	58.00	385
IMO 50年.第10卷(2005－2009)	2016－01	48.00	386
IMO 50年.第11卷(2010－2015)	2017－03	48.00	646

刘培杰数学工作室
已出版(即将出版)图书目录——初等数学

书　　名	出版时间	定　价	编号
数学反思(2006—2007)	2020—09	88.00	915
数学反思(2008—2009)	2019—01	68.00	917
数学反思(2010—2011)	2018—05	58.00	916
数学反思(2012—2013)	2019—01	58.00	918
数学反思(2014—2015)	2019—03	78.00	919
数学反思(2016—2017)	2021—03	58.00	1286
数学反思(2018—2019)	2023—01	88.00	1593
历届美国大学生数学竞赛试题集.第一卷(1938—1949)	2015—01	28.00	397
历届美国大学生数学竞赛试题集.第二卷(1950—1959)	2015—01	28.00	398
历届美国大学生数学竞赛试题集.第三卷(1960—1969)	2015—01	28.00	399
历届美国大学生数学竞赛试题集.第四卷(1970—1979)	2015—01	18.00	400
历届美国大学生数学竞赛试题集.第五卷(1980—1989)	2015—01	28.00	401
历届美国大学生数学竞赛试题集.第六卷(1990—1999)	2015—01	28.00	402
历届美国大学生数学竞赛试题集.第七卷(2000—2009)	2015—08	18.00	403
历届美国大学生数学竞赛试题集.第八卷(2010—2012)	2015—01	18.00	404
新课标高考数学创新题解题诀窍:总论	2014—09	28.00	372
新课标高考数学创新题解题诀窍:必修1～5分册	2014—08	38.00	373
新课标高考数学创新题解题诀窍:选修2—1,2—2,1—1,1—2分册	2014—09	38.00	374
新课标高考数学创新题解题诀窍:选修2—3,4—4,4—5分册	2014—09	18.00	375
全国重点大学自主招生英文数学试题全攻略:词汇卷	2015—07	48.00	410
全国重点大学自主招生英文数学试题全攻略:概念卷	2015—01	28.00	411
全国重点大学自主招生英文数学试题全攻略:文章选读卷(上)	2016—09	38.00	412
全国重点大学自主招生英文数学试题全攻略:文章选读卷(下)	2017—01	58.00	413
全国重点大学自主招生英文数学试题全攻略:试题卷	2015—07	38.00	414
全国重点大学自主招生英文数学试题全攻略:名著欣赏卷	2017—03	48.00	415
劳埃德数学趣题大全.题目卷.1:英文	2016—01	18.00	516
劳埃德数学趣题大全.题目卷.2:英文	2016—01	18.00	517
劳埃德数学趣题大全.题目卷.3:英文	2016—01	18.00	518
劳埃德数学趣题大全.题目卷.4:英文	2016—01	18.00	519
劳埃德数学趣题大全.题目卷.5:英文	2016—01	18.00	520
劳埃德数学趣题大全.答案卷:英文	2016—01	18.00	521
李成章教练奥数笔记.第1卷	2016—01	48.00	522
李成章教练奥数笔记.第2卷	2016—01	48.00	523
李成章教练奥数笔记.第3卷	2016—01	38.00	524
李成章教练奥数笔记.第4卷	2016—01	38.00	525
李成章教练奥数笔记.第5卷	2016—01	38.00	526
李成章教练奥数笔记.第6卷	2016—01	38.00	527
李成章教练奥数笔记.第7卷	2016—01	38.00	528
李成章教练奥数笔记.第8卷	2016—01	48.00	529
李成章教练奥数笔记.第9卷	2016—01	28.00	530

刘培杰数学工作室
已出版(即将出版)图书目录——初等数学

书　　名	出版时间	定　价	编号
第19～23届"希望杯"全国数学邀请赛试题审题要津详细评注(初一版)	2014－03	28.00	333
第19～23届"希望杯"全国数学邀请赛试题审题要津详细评注(初二、初三版)	2014－03	38.00	334
第19～23届"希望杯"全国数学邀请赛试题审题要津详细评注(高一版)	2014－03	28.00	335
第19～23届"希望杯"全国数学邀请赛试题审题要津详细评注(高二版)	2014－03	38.00	336
第19～25届"希望杯"全国数学邀请赛试题审题要津详细评注(初一版)	2015－01	38.00	416
第19～25届"希望杯"全国数学邀请赛试题审题要津详细评注(初二、初三版)	2015－01	58.00	417
第19～25届"希望杯"全国数学邀请赛试题审题要津详细评注(高一版)	2015－01	48.00	418
第19～25届"希望杯"全国数学邀请赛试题审题要津详细评注(高二版)	2015－01	48.00	419
物理奥林匹克竞赛大题典——力学卷	2014－11	48.00	405
物理奥林匹克竞赛大题典——热学卷	2014－04	28.00	339
物理奥林匹克竞赛大题典——电磁学卷	2015－07	48.00	406
物理奥林匹克竞赛大题典——光学与近代物理卷	2014－06	28.00	345
历届中国东南地区数学奥林匹克试题集(2004～2012)	2014－06	18.00	346
历届中国西部地区数学奥林匹克试题集(2001～2012)	2014－07	18.00	347
历届中国女子数学奥林匹克试题集(2002～2012)	2014－08	18.00	348
数学奥林匹克在中国	2014－06	98.00	344
数学奥林匹克问题集	2014－01	38.00	267
数学奥林匹克不等式散论	2010－06	38.00	124
数学奥林匹克不等式欣赏	2011－09	38.00	138
数学奥林匹克超级题库(初中卷上)	2010－01	58.00	66
数学奥林匹克不等式证明方法和技巧(上、下)	2011－08	158.00	134,135
他们学什么:原民主德国中学数学课本	2016－09	38.00	658
他们学什么:英国中学数学课本	2016－09	38.00	659
他们学什么:法国中学数学课本.1	2016－09	38.00	660
他们学什么:法国中学数学课本.2	2016－09	28.00	661
他们学什么:法国中学数学课本.3	2016－09	38.00	662
他们学什么:苏联中学数学课本	2016－09	28.00	679
高中数学题典——集合与简易逻辑・函数	2016－07	48.00	647
高中数学题典——导数	2016－07	48.00	648
高中数学题典——三角函数・平面向量	2016－07	48.00	649
高中数学题典——数列	2016－07	58.00	650
高中数学题典——不等式・推理与证明	2016－07	38.00	651
高中数学题典——立体几何	2016－07	48.00	652
高中数学题典——平面解析几何	2016－07	78.00	653
高中数学题典——计数原理・统计・概率・复数	2016－07	48.00	654
高中数学题典——算法・平面几何・初等数论・组合数学・其他	2016－07	68.00	655

刘培杰数学工作室
已出版(即将出版)图书目录——初等数学

书　　名	出版时间	定　价	编号
台湾地区奥林匹克数学竞赛试题.小学一年级	2017－03	38.00	722
台湾地区奥林匹克数学竞赛试题.小学二年级	2017－03	38.00	723
台湾地区奥林匹克数学竞赛试题.小学三年级	2017－03	38.00	724
台湾地区奥林匹克数学竞赛试题.小学四年级	2017－03	38.00	725
台湾地区奥林匹克数学竞赛试题.小学五年级	2017－03	38.00	726
台湾地区奥林匹克数学竞赛试题.小学六年级	2017－03	38.00	727
台湾地区奥林匹克数学竞赛试题.初中一年级	2017－03	38.00	728
台湾地区奥林匹克数学竞赛试题.初中二年级	2017－03	38.00	729
台湾地区奥林匹克数学竞赛试题.初中三年级	2017－03	28.00	730
不等式证题法	2017－04	28.00	747
平面几何培优教程	2019－08	88.00	748
奥数鼎级培优教程.高一分册	2018－09	88.00	749
奥数鼎级培优教程.高二分册.上	2018－04	68.00	750
奥数鼎级培优教程.高二分册.下	2018－04	68.00	751
高中数学竞赛冲刺宝典	2019－04	68.00	883
初中尖子生数学超级题典.实数	2017－07	58.00	792
初中尖子生数学超级题典.式、方程与不等式	2017－08	58.00	793
初中尖子生数学超级题典.圆、面积	2017－08	38.00	794
初中尖子生数学超级题典.函数、逻辑推理	2017－08	48.00	795
初中尖子生数学超级题典.角、线段、三角形与多边形	2017－07	58.00	796
数学王子——高斯	2018－01	48.00	858
坎坷奇星——阿贝尔	2018－01	48.00	859
闪烁奇星——伽罗瓦	2018－01	58.00	860
无穷统帅——康托尔	2018－01	48.00	861
科学公主——柯瓦列夫斯卡娅	2018－01	48.00	862
抽象代数之母——埃米·诺特	2018－01	48.00	863
电脑先驱——图灵	2018－01	58.00	864
昔日神童——维纳	2018－01	48.00	865
数坛怪侠——爱尔特希	2018－01	68.00	866
传奇数学家徐利治	2019－09	88.00	1110
当代世界中的数学.数学思想与数学基础	2019－01	38.00	892
当代世界中的数学.数学问题	2019－01	38.00	893
当代世界中的数学.应用数学与数学应用	2019－01	38.00	894
当代世界中的数学.数学王国的新疆域(一)	2019－01	38.00	895
当代世界中的数学.数学王国的新疆域(二)	2019－01	38.00	896
当代世界中的数学.数林撷英(一)	2019－01	38.00	897
当代世界中的数学.数林撷英(二)	2019－01	48.00	898
当代世界中的数学.数学之路	2019－01	38.00	899

刘培杰数学工作室
已出版(即将出版)图书目录——初等数学

书　　名	出版时间	定　价	编号
105 个代数问题:来自 AwesomeMath 夏季课程	2019－02	58.00	956
106 个几何问题:来自 AwesomeMath 夏季课程	2020－07	58.00	957
107 个几何问题:来自 AwesomeMath 全年课程	2020－07	58.00	958
108 个代数问题:来自 AwesomeMath 全年课程	2019－01	68.00	959
109 个不等式:来自 AwesomeMath 夏季课程	2019－04	58.00	960
国际数学奥林匹克中的 110 个几何问题	即将出版		961
111 个代数和数论问题	2019－05	58.00	962
112 个组合问题:来自 AwesomeMath 夏季课程	2019－05	58.00	963
113 个几何不等式:来自 AwesomeMath 夏季课程	2020－08	58.00	964
114 个指数和对数问题:来自 AwesomeMath 夏季课程	2019－09	48.00	965
115 个三角问题:来自 AwesomeMath 夏季课程	2019－09	58.00	966
116 个代数不等式:来自 AwesomeMath 全年课程	2019－04	58.00	967
117 个多项式问题:来自 AwesomeMath 夏季课程	2021－09	58.00	1409
118 个数学竞赛不等式	2022－08	78.00	1526
紫色彗星国际数学竞赛试题	2019－02	58.00	999
数学竞赛中的数学:为数学爱好者、父母、教师和教练准备的丰富资源.第一部	2020－04	58.00	1141
数学竞赛中的数学:为数学爱好者、父母、教师和教练准备的丰富资源.第二部	2020－07	48.00	1142
和与积	2020－10	38.00	1219
数论:概念和问题	2020－12	68.00	1257
初等数学问题研究	2021－03	48.00	1270
数学奥林匹克中的欧几里得几何	2021－10	68.00	1413
数学奥林匹克题解新编	2022－01	58.00	1430
图论入门	2022－09	58.00	1554
澳大利亚中学数学竞赛试题及解答(初级卷)1978～1984	2019－02	28.00	1002
澳大利亚中学数学竞赛试题及解答(初级卷)1985～1991	2019－02	28.00	1003
澳大利亚中学数学竞赛试题及解答(初级卷)1992～1998	2019－02	28.00	1004
澳大利亚中学数学竞赛试题及解答(初级卷)1999～2005	2019－02	28.00	1005
澳大利亚中学数学竞赛试题及解答(中级卷)1978～1984	2019－03	28.00	1006
澳大利亚中学数学竞赛试题及解答(中级卷)1985～1991	2019－03	28.00	1007
澳大利亚中学数学竞赛试题及解答(中级卷)1992～1998	2019－03	28.00	1008
澳大利亚中学数学竞赛试题及解答(中级卷)1999～2005	2019－03	28.00	1009
澳大利亚中学数学竞赛试题及解答(高级卷)1978～1984	2019－05	28.00	1010
澳大利亚中学数学竞赛试题及解答(高级卷)1985～1991	2019－05	28.00	1011
澳大利亚中学数学竞赛试题及解答(高级卷)1992～1998	2019－05	28.00	1012
澳大利亚中学数学竞赛试题及解答(高级卷)1999～2005	2019－05	28.00	1013
天才中小学生智力测验题.第一卷	2019－03	38.00	1026
天才中小学生智力测验题.第二卷	2019－03	38.00	1027
天才中小学生智力测验题.第三卷	2019－03	38.00	1028
天才中小学生智力测验题.第四卷	2019－03	38.00	1029
天才中小学生智力测验题.第五卷	2019－03	38.00	1030
天才中小学生智力测验题.第六卷	2019－03	38.00	1031
天才中小学生智力测验题.第七卷	2019－03	38.00	1032
天才中小学生智力测验题.第八卷	2019－03	38.00	1033
天才中小学生智力测验题.第九卷	2019－03	38.00	1034
天才中小学生智力测验题.第十卷	2019－03	38.00	1035
天才中小学生智力测验题.第十一卷	2019－03	38.00	1036
天才中小学生智力测验题.第十二卷	2019－03	38.00	1037
天才中小学生智力测验题.第十三卷	2019－03	38.00	1038

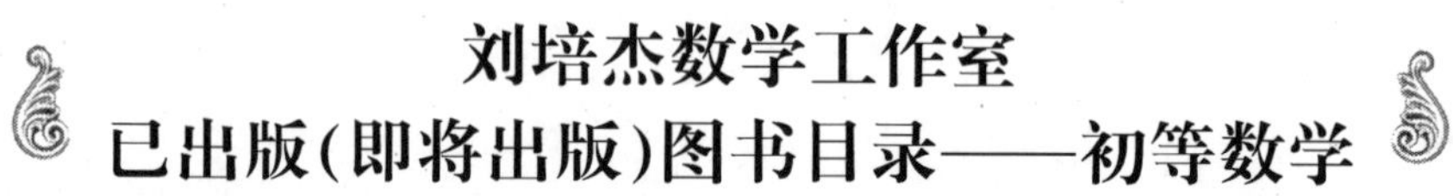

刘培杰数学工作室
已出版(即将出版)图书目录——初等数学

书　　名	出版时间	定　价	编号
重点大学自主招生数学备考全书:函数	2020—05	48.00	1047
重点大学自主招生数学备考全书:导数	2020—08	48.00	1048
重点大学自主招生数学备考全书:数列与不等式	2019—10	78.00	1049
重点大学自主招生数学备考全书:三角函数与平面向量	2020—08	68.00	1050
重点大学自主招生数学备考全书:平面解析几何	2020—07	58.00	1051
重点大学自主招生数学备考全书:立体几何与平面几何	2019—08	48.00	1052
重点大学自主招生数学备考全书:排列组合·概率统计·复数	2019—09	48.00	1053
重点大学自主招生数学备考全书:初等数论与组合数学	2019—08	48.00	1054
重点大学自主招生数学备考全书:重点大学自主招生真题.上	2019—04	68.00	1055
重点大学自主招生数学备考全书:重点大学自主招生真题.下	2019—04	58.00	1056
高中数学竞赛培训教程:平面几何问题的求解方法与策略.上	2018—05	68.00	906
高中数学竞赛培训教程:平面几何问题的求解方法与策略.下	2018—06	78.00	907
高中数学竞赛培训教程:整除与同余以及不定方程	2018—01	88.00	908
高中数学竞赛培训教程:组合计数与组合极值	2018—04	48.00	909
高中数学竞赛培训教程:初等代数	2019—04	78.00	1042
高中数学讲座:数学竞赛基础教程(第一册)	2019—06	48.00	1094
高中数学讲座:数学竞赛基础教程(第二册)	即将出版		1095
高中数学讲座:数学竞赛基础教程(第三册)	即将出版		1096
高中数学讲座:数学竞赛基础教程(第四册)	即将出版		1097
新编中学数学解题方法 1000 招丛书.实数(初中版)	2022—05	58.00	1291
新编中学数学解题方法 1000 招丛书.式(初中版)	2022—05	48.00	1292
新编中学数学解题方法 1000 招丛书.方程与不等式(初中版)	2021—04	58.00	1293
新编中学数学解题方法 1000 招丛书.函数(初中版)	2022—05	38.00	1294
新编中学数学解题方法 1000 招丛书.角(初中版)	2022—05	48.00	1295
新编中学数学解题方法 1000 招丛书.线段(初中版)	2022—05	48.00	1296
新编中学数学解题方法 1000 招丛书.三角形与多边形(初中版)	2021—04	48.00	1297
新编中学数学解题方法 1000 招丛书.圆(初中版)	2022—05	48.00	1298
新编中学数学解题方法 1000 招丛书.面积(初中版)	2021—07	28.00	1299
新编中学数学解题方法 1000 招丛书.逻辑推理(初中版)	2022—06	48.00	1300
高中数学题典精编.第一辑.函数	2022—01	58.00	1444
高中数学题典精编.第一辑.导数	2022—01	68.00	1445
高中数学题典精编.第一辑.三角函数·平面向量	2022—01	68.00	1446
高中数学题典精编.第一辑.数列	2022—01	58.00	1447
高中数学题典精编.第一辑.不等式·推理与证明	2022—01	58.00	1448
高中数学题典精编.第一辑.立体几何	2022—01	58.00	1449
高中数学题典精编.第一辑.平面解析几何	2022—01	68.00	1450
高中数学题典精编.第一辑.统计·概率·平面几何	2022—01	58.00	1451
高中数学题典精编.第一辑.初等数论·组合数学·数学文化·解题方法	2022—01	58.00	1452
历届全国初中数学竞赛试题分类解析.初等代数	2022—09	98.00	1555
历届全国初中数学竞赛试题分类解析.初等数论	2022—09	48.00	1556
历届全国初中数学竞赛试题分类解析.平面几何	2022—09	38.00	1557
历届全国初中数学竞赛试题分类解析.组合	2022—09	38.00	1558

联系地址:哈尔滨市南岗区复华四道街 10 号　**哈尔滨工业大学出版社刘培杰数学工作室**

网　　址:http://lpj.hit.edu.cn/

邮　　编:150006

联系电话:0451—86281378　　13904613167

E-mail:lpj1378@163.com